유대인은 예수가 필요없다

초판 인쇄	2019년 1월 10일
지은이	아비 스나이더
옮긴이	임윤아
표지 디자인	김보라(mizkim77@naver.com)
내지 디자인	정예진
발행인	이금선
발행처	브래드북스
출판 등록	2011년 5월 13일(신고 번호 제2011-000085호)
주소	경기도 고양시 일산동구 백마로502번길 116-18
전화	031-926-2722
홈페이지	www.bradtv.co.kr	**이메일** bradfilm123@gmail.com
ISBN	979-11-958931-5-7

이 책의 저작권은 저자에게 있으며 판권은 브래드북스에 있습니다.
이 책은 저작권법에 의하여 보호를 받는 저작물이므로 무단 전재와 무단 복제를 금합니다.

"This book was first published in the United States by Moody Publishers, 820 N. LaSalle Blvd., Chicago, IL 60610 with the title Jews Don't Need Jesus, copyright ⋯ 2017 by Avi Snyder. Translated by permission. All rights reserved."

크리스천이 유대인에게 갖는 가장 큰 **오해**

유대인은 예수가 필요없다

아비 스나이더 지음 | 임윤아 옮김

Brad Books

추천사

나는 이 책을 읽기 전부터, 이런 주제를 다룬 책에 대해 추천사를 쓰고 싶은 깊은 바람이 있었다. 그리고 이 책을 읽고 난 지금, 그 바람은 더욱 깊어졌다.

이 책이 쓰이고 있다는 것을 알기 전에, 나는 우리 인터넷 사역인 desiringGod.org의 컨텐츠 팀에 이렇게 말한 적이 있다.

"우리가 유대인 복음 전도에 더욱 힘을 쓰면 좋겠습니다."

왜 그런 부담을 느꼈을까? 그리고 이 책을 읽은 뒤, 왜 더 큰 부담을 느끼는 걸까?

6만여 명의 유대인이 내가 고향이라 부르는 트윈 시티, 미니애폴리스와 세인트 폴에 살고 있으며 5백만 명 이상의 유대인은 미국에, 1천4백만 명의 유대인은 전 세계에 살고 있다. 그들 대다수는 예수님을 그들의 메시아나 구원자로 받아들이지 않는다. 사실 그들은 예수님을 믿는다는 것을 그들의 고유한 유대성을 버리는 것으로 생각한다.

수천 명의 유대인들이 초대 교회 당시 예수님을 믿었음에도(행 2:41에서 3천 명, 행 4:4에서 최소 5천 명), 어떤 유대인들은 크리스천들의 목표가 '이곳(성전)을 헐고 또 모세가 우리(유대인)에게 전하여 준 규례를 뜯어고치는 것'(행 6:14)이라고 주장했다.

하지만 첫 크리스천 선교사이자 가장 훌륭한 선교사이며, 전직 바리새인이자 유대인인 사도 바울은 이렇게 항변했다. "하나님의 도우심을 받아 내가 오늘까지 서서 높고 낮은 사람 앞에서 증언하는 것은 선지자들과 모세가 반드시 되리라고 말한 것밖에 없으니 곧 그리스도가 고난을 받으실 것과 죽은 자 가운데서 먼저 다시 살아나사 이스라엘과 이방인들에게 빛을 전하시리라 함이니이다 하니라"(행

26:22~23)

  어떤 세대든지 예수님께서 '율법이나 선지자를 폐하러 오신 것이 아니라, 완성하러 오신 것'(마 5:17)을 믿는 유대인들은 항상 있었다. 참된 크리스천들은 수 세기 동안 유대인들이 받아 온 취급에 대해 부끄럽고 슬프게 생각하지만, 사실 그들의 가장 큰 슬픔은 유대인 대다수가 아직 예수님이 유대 성경에 적힌 하나님의 약속을 성취하는 분임을 믿지 않는다는 것이다.

  그리고 이러한 유대인들의 거절은 위대한 유대인 선교사이자 사도인 바울에게도 큰 고통을 주었다. 바울은 그의 동족 유대인들에 관련해 이런 가슴 저미는 말을 남겼다. "내가 그리스도 안에서 참말을 하고 거짓말을 아니하노라 나에게 큰 근심이 있는 것과 마음에 그치지 않는 고통이 있는 것을 내 양심이 성령 안에서 나와 더불어 증언하노니 나의 형제 곧 골육의 친척을 위하여 내 자신이 저주를 받아 그리스도에게서 끊어질지라도 원하는 바로라"(롬 9:1~3)

  "큰 근심과 그치지 않는 고통!" 이것은 정말 놀라운 말이다. 그 무엇도 바울을 이 정도로 크고 끊임없이 힘들게 한 것은 없다. 나는 종종 바울이 어떻게 계속 사역을 이어나갈 수 있었는지가 궁금하다. 바울은 근심이 깊은 와중에도 여전히 평안하고 만족할 수 있는 진귀한 비밀을 깨달았던 것이다(빌 4:12). 또한, 바울은 자신이 "근심하는 사람 같으나 항상 기뻐하며" 산다고 말했다(고후 6:10).

  기쁨과 근심의 이해할 수 없는 조화 속에서, 바울은 유대 민족을 위해 끊임없이 기도했다. "형제들아 내 마음에 원하는 바와 하나님께 구하는 바는 이스라엘을 위함이니 곧 그들로 구원을 받게 함이라"(롬 10:1) 이 말씀은 유대인들이 예수님을 거절함으로 영생을 거절한 것, 곧 유대인들이 구원받지 못한 가슴 아픈 현실로 인해 바울의 근심과 기도가 이루어졌다는 것을 알려 준다. 비시디아 안디옥에서 유대인 지도자들이 예수님을 전하는 바울의 말씀을 거부했을 때, 바울은 이렇게 말했다. "하나님의 말씀을 마땅히 먼저 너희에게 전할 것이로되 너희가 그것을 버리고 영생을 얻기에 합당하지 않

은 자로 자처하기로 우리가 이방인에게로 향하노라"(행 13:46)

　이것이 바로 핵심이다. 그리고 내가 아비 스나이더의 책을 읽기도 전에 이미 끌렸던 이유이기도 하다. 죄인들을 위해 오시고 죽으신 뒤 다시 살아나신 예수님에 대한 좋은 소식은 이스라엘에 먼저 전해져야 한다. 하지만 이런 특권이 있다고 해서, 유대 민족이 예수님의 좋은 소식을 거부하더라도 심판을 피할 수 있다는 것은 아니다.

　기독교 선교에서 가장 최우선 사항은 유대 민족이다. 예수님께서도 이스라엘 집의 잃어버린 양들에게 먼저 오셨지(마 10:6, 15:24), 이방인들에게 먼저 오시지 않으셨다. 나중에서야 이스라엘을 위한 좋은 소식이 온 열방까지 흘러갔다(마 8:11, 21:43, 28:19~20).

　초대 교회의 선교사들은 유대인 복음 전도를 우선 사항으로 지켰다. "이 복음은 모든 믿는 자에게 구원을 주시는 하나님의 능력이 됨이라 먼저는 유대인에게요 그리고 헬라인에게로다"(롬 1:16) 이것이 하나님의 설계도였다. "하나님이 그 종(예수님)을 세워 복 주시려고 너희(이스라엘)에게 먼저 보내사 너희로 하여금 돌이켜 각각 그 악함을 버리게 하셨느니라"(행 3:26)

　하지만 예수님도, 사도들도 이 우선 사항 덕분에 유대 민족이 예수님을 믿지 않아도 심판에서 구원받을 수 있다고 가르치지 않았다. 예수님은 하나님께 갈 수 있는 여러 가지 길 중의 하나로 오시지 않았다. 예수님은 유일하고 진정한 유대인 메시아이자 하나님과 사람 사이의 중보자로 오셨다. "내가 곧 길이요 진리요 생명이니 나로 말미암지 않고는 아버지께로 올 자가 없느니라"(요 14:6) 그리고 예수님은 여러 번 자신을 거부하는 것은 하나님을 거부하는 것이라고 가르치셨다. 예수님을 영접하는 것은 하나님을 안다고 주장하는 사람의 주장이 정말 진실인지를 가려내 주는 시험이다. 예를 들어, 예수님은 이렇게 말씀하셨다.

　- "너희는 나를 알지 못하고 내 아버지도 알지 못하는도다 나를

알았더라면 내 아버지도 알았으리라"(요 8:19)
 - "아들을 공경하지 아니하는 자는 그를 보내신 아버지도 공경하지 아니하느니라"(요 5:23)
 - "다만 하나님을 사랑하는 것이 너희 속에 없음을 알았노라 나는 내 아버지의 이름으로 왔으매 너희가 영접하지 아니하나"(요 5:42~43)
 - "하나님이 너희 아버지였으면 너희가 나를 사랑하였으리니 이는 내가 하나님께로부터 나와서 왔음이라"(요 8:42)
 - "아들을 부인하는 자에게는 또한 아버지가 없으되 아들을 시인하는 자에게는 아버지도 있느니라"(요일 2:23)
 - "선지자의 글에 그들이 다 하나님의 가르치심을 받으리라 기록되었은즉 아버지께 듣고 배운 사람마다 내게로 오느니라"(요 6:45)

유대 민족이 메시아이신 예수님을 거절함으로 영생을 거절했다고 말하는 사람은 사도 바울 혼자만이 아니다. 예수님께서도 친히 동일한 말씀을 하셨다.

"아들을 믿는 자에게는 영생이 있고 아들에게 순종하지 아니하는 자는 영생을 보지 못하고 도리어 하나님의 진노가 그 위에 머물러 있느니라"(요 3:36)

하지만 이런 무서운 경고와 함께, 신약은 이스라엘 백성을 위한 엄청난 소망을 드러낸다. 사도 바울은 이스라엘에 이렇게 말했다. "회개하고 돌이켜… 너희 죄 없이 함을 받으라 이같이 하면 새롭게 되는 날이 주 앞으로부터 이를 것이요 또 주께서 너희를 위하여 예정하신 그리스도 곧 예수를 보내시리니"(행 3:19~20)

그리고 바울은 신약의 그 누구보다 완전하게 이스라엘을 위한 복음의 소망을 풀어낸다. 곧 세대마다 예수님을 믿고 "은혜로 택하심을 따라 남은 자"가 있을 뿐만 아니라(롬 11:5), 이제 그들의 넘어짐이 세상의 부요함이 되며 그들의 쇠퇴함이 이방인들의 부요함이 되거든 하물며 그들의 충만함은 얼마나 더 많이 부요함이 되겠느냐? (롬 11:12 NKJV).

이방인으로서 나는 참감람나무 가지가 아닌 소위 돌감람나무 가지이다. 아브라함의 언약 속 "감람나무"는 나에게 자연적으로 주어지는 것이 아니다. 하지만 예수님께서는 모든 사람의 메시아이시기 때문에, 나는 "본성을 거슬러" 접붙임받았다. 나는 유대 나무에 접붙여진 덕분에 구원받았다. 바울은 비유와 함께 이렇게 말한다. "네(이방인)가 원 돌감람나무에서 찍힘을 받고 본성을 거슬러 좋은 감람나무에 접붙임을 받았으니 원 가지인 이 사람들이야 얼마나 더 자기 감람나무에 접붙이심을 받으랴"(롬 11:24) 그리고 바울은 놀라운 말을 전한다. "그리하여 온 이스라엘이 구원을 받으리라"(롬 11:26)

예수님과 관계가 끊어진 이스라엘의 비극적인 현실에 비해, 신약 속 예수님과 관계가 이어진 이스라엘의 영광스러운 미래는 내가 이 책을 읽기도 전에 추천사를 쓰고 싶게끔 했다.

그리고 나는 이 책을 읽었다. 이 책은 자기 민족을 깊이 사랑하는 유대인만이 쓸 수 있는 책이었다. 이는 개인적으로 공감할 수 있는 요소가 많았을 뿐만 아니라, 오직 유대인만이 유대인에게 예수 그리스도의 말씀을 전하는 것을 반대하는 이유를 정확하게 알 수 있기 때문이다. 그런 면에서 이 책은 감정적으로나 지식적으로나 홀로코스트 이후 특히 서구 사회와 같은 다원주의적 세상에 맞추어 쓰여졌다.

아비 스나이더는 믿는 유대인들과 이방인들이 믿지 않는 유대인들에게 예수님을 메시아이자 구원자로 인도하는 데에 있어 적어도 16개의 걸림돌을 경험했다. 내가 단순히 "들어 보았다"가 아니라 "경험했다"라고 말한 것은, 아비가 실제 관계들 속에서 이러한 걸림돌들을 경험하고 책을 썼기 때문이다. 아비는 각 걸림돌의 이유에 대해 통찰력 있고 성경적이며 개인적인 답변을 준다.

이 책은 원론적 수준에 그치지 않는다. 예를 들어, 당신이 "홀로코스트의 공포 이후 유대 민족이 예수님을 믿는 것은 불가능해요."

라고 말한다면, 아비는 이렇게 말할 것이다.

'나는 당신이 맨프레드(Manfred)와 로라 베르트하임(Laura Wertheim), 라흐미엘 프리들랜드(Rachmiel Frydland), 베라 슐람(Vera Schlamm), 엘레이저 에르바흐(Eleazer Erbach), 로즈 프라이스(Rose Price), 카를 플레슈(Carl Flesch)에게 홀로코스트로 인해 유대 민족은 믿음을 가질 수 없게 되었는지를 물어볼 수 있었으면 좋겠다. 이들은 지옥 같은 홀로코스트의 불길을 지나왔지만 그럼에도 불구하고 예슈아를 믿게 된 사람들이다.'

"지난 2천 년 동안 기독교 교회가 유대 민족을 어떻게 대해 왔는지, 그 충격적인 역사에 대해서 잘 이해하지 못하시는군요."라고 말한다면, 아비는 이렇게 애통해 할 것이다.

'유대 민족을 향한 수많은 범죄는 교회의 반유대적 가르침에서부터 시작됐다. 예를 들면, 초대 교부들이 내린 신을 죽였다는 혐의, 중세 암흑시대 동안 우리 유대인을 대항하여 쓰여진 법적 문서들, 거룩한 땅을 "해방"하겠다는 십자군의 여정 중에 학살당한 유럽의 유대인 공동체들, 종교 재판을 통한 추방, 고문, 처형, 강압적인 세례, 유럽과 러시아에 있었던 피의 비방(blood libel)과 유대인 박해, 포그롬(pogroms) 등이 있다. 더욱이 교회 안의 반유대적 가르침은 홀로코스트 당시 많은 교회가 나치를 지지하고 묵과하게 만든 아주 큰 요인이다. 이런 점을 고려하면 유대인들이 예슈아에 대해 공정하고 공평한 입장을 취하기 어려운 것은 놀라운 일이 아니다.'

"예수님을 메시아로서 믿는 것은 제 유대적 정체성을 끝내 버릴 거예요."라고 말한다면, 그는 이렇게 말할 것이다.

'예슈아를 믿는 믿음은 유대 민족의 존재를 위협하는 것이 아니라 유대인으로서의 정체성을 확증하는 것이다. 하나님은 예수님을 믿는 믿음으로 우리를 구원하셨고 또한 그 동일한 믿음으로 우리 유대인의 정체성을 더욱 확고하게 해 주신다. 예슈아를 믿는 유대인은 대개 유대적 유산과 뿌리에 대해 더욱 깊은 유대 관계를 가진다. 우리는 예수님께 나아감으로, 우리가 고향에 왔음을 알게 된다.'

어떤 남성이 나에게 물었던 것처럼, "우리 독일인들은 유대인과 주님에 관한 이야기를 나눌 자격을 잃어버린 것 같아요."라고 말한다면, 아비는 부드럽게 반박할 것이다.

'당신에게는 자격만 있는 것이 아니라 책임 또한 있습니다.' 그리고 하나님께서 유대 민족을 독일로 데려오신 세 가지 이유를 나눴다. 먼저는 유대 민족을 향한 그분의 사랑으로 인해서, 독일 교회를 향한 그분의 사랑으로 인해서 그리고 독일 사람들을 향한 그분의 사랑으로 인해서라고 말이다. "하나님은 우리 민족이 복음을 듣고 구원받길 원하세요. 하나님은 독일 성도들이 하나님의 백성을 자신에게로 데려오는 일에 쓰임받는 즐거움을 알길 바라세요. 하나님은 독일 사람들이 유대인의 입술을 통해 복음을 듣길 원하세요. 그리고 하나님은 세상이 유대인과 독일인이 함께 복음을 전하는 모습을 보길 원하세요. 이것은 주님의 사랑에 대한 아름다운 간증이 되고, 십자가가 가진 화해의 능력에 대한 놀라운 간증이 될 겁니다."

이러한 책은 언제나 필요했다. 유대 민족에 대한 오해와 유대인들이 가지고 있는 타당한 두려움뿐 아니라 크리스천들의 실패와 두려움으로 인해서 말이다.

하지만 오늘날, 모든 기독교 교단이 유대 민족에게 예수님을 전하는 일을 포기하거나 비난하는 이때, 이 책은 그 어느 때보다 더욱 필요한 책이다.

그리고 이 점은 분명하다. 만약 우리의 마음이 진리와 반대되는 신학을 만들어 낸다면, 그 '마음을 따르는 것'은 사랑이 아니다.

80년 전, 마음을 따르는 경향은 내 민족의 3분의 1이 버림을 받고, 배반을 당하고, 말살되도록 이끈 신학을 만들어 냈다. 그리고 오늘날, 그 당시와 동일한 모습이 유대 민족의 영적인 생명을 막대한 위험에 몰아넣고 있다. 아이러니하게도 이 첫 번째 사례가 노골적인 증오로 인해 일어난 것이라면, 오늘날은 사랑의 이름으로 일어나고 있다.

이것은 강한 말이다. 하지만 유대 성서를 아는 유대 민족들은 강한 말들에 익숙하다. "내 백성이 지식이 없으므로 망하는도다"(호 4:6). 아비 스나이더는 그의 동족 유대인에게 예수님께 돌아가자고 간청하고 우리 이방인에게는 함께하자고 간청한다. 그 이유는 미움이나 무지함이나 순진함이나 어떤 추측 때문이 아니라 바로 사랑 때문이다.

> "나는 시온의 의가 빛 같이, 예루살렘의 구원이 횃불 같이 나타나도록 시온을 위하여 잠잠하지 아니하며 예루살렘을 위하여 쉬지 아니할 것인즉 이방 나라들이 네 공의를, 뭇 왕이 다 네 영광을 볼 것이요 너는 여호와의 입으로 정하실 새 이름으로 일컬음이 될 것이며"(사 62:1~2)

이방인으로서 나는 예수님과 유대 민족을 더욱 사랑할 수 있는 감동을 받았다. 다음과 같은 아비 스나이더의 말은 확실히 옳았다.

복음에 대한 침묵은 사랑이 아니다. 침묵은 내 민족의 구원을 해치는 원수이고 다른 모든 이들의 구원을 해치는 원수이다.

존 파이퍼
desiringGod.org 창립자이자 성경 교사

목차

추천사 • 6

서문 : 분명한 답이 있다 • 17

1장. 성경은 어떻게 말하고 있는가
1 | 좋은 소식과 나쁜 소식 • 24
2 | 유대인에게 예수님이 필요 없다면, 그건 왜일까? • 29

2장. 오해
3 | 유대인들은 이미 구원을 받았다. 그들은 원 가지이고,
     하나님께서 뽑으시고 택하셨기 때문이다 • 36
4 | 아브라함과 모세와 맺은 하나님의 언약으로 충분하다 • 42
5 | 유대인은 그들이 받은 복음의 빛에 따라서만 심판받을 것이다 • 48
6 | 유일한 그러나 익명의 구원자 • 55
7 | 유대 민족은 완고하고, 눈이 멀었고, 수건이 덮여 진리를
     볼 수 없으므로 믿음을 가질 수가 없다 • 61

8 | 온 이스라엘은 구원받을 것이다…언젠가는 • 64

9 | 예수님은 이방인만을 위한 구원자다 • 73

10 | 교회는 전도가 아닌 회개를 해야 한다 • 78

11 | 알리야는 가장 최우선 사항이다 • 84

12 | 화해가 먼저 이루어져야 한다 • 87

13 | 조용한 사랑은 복음의 말씀보다 더욱 강하다 • 93

14 | 지금은 복음으로 마주할 때가 아니라 위로할 때이다 • 99

15 | 유대인 복음 전도는 히틀러가 시작한 일을 마치는 것이다 • 103

16 | 유대인 복음 전도는 유대교를 향한 공격이다 • 108

17 | 홀로코스트는 유대인 복음 전도를 불가능하게 만들었다 • 115

18 | 이방인은 유대인에게 복음을 증거할 수 없다 • 121

3장. 복음을 전하지 않는 진짜 이유

19 | 상처를 준다는 두려움 • 128

20 | 거절에 대한 두려움, 사람에 대한 두려움 • 132

서문

분명한 답이 있다

1991년 가을, 소련이 무너져 가던 당시, 나와 아내 룻은 소련으로 이주를 했다. 몇몇 친구들은 우리를 다시는 보지 못할까 봐 걱정하기도 했는데, 그 당시 나와 룻도 우리가 앞으로 마주하게 될 상황에 대해 확신이 없는 상태였다. 우리가 이주하기 바로 2주 전, 소련의 강경파는 무너져 가는 소련을 다시 회복하기 위해, 변절자인 공산당의 서기장인 미하일 고르바초프를 연금했다. 하지만 고르바초프가 곧 풀려나며 소련은 혼란에 빠져들었다.

하지만 룻과 나는 그때야말로 우리가 복음을 들고 그 땅으로 가야 할 최적의 때라고 믿었다. 누구든지 회개하고, 메시아이신 예슈아께서 우리의 죄를 위해 죽으셨고, 죽음에서 부활하셨다는 것을 숨김없이 고백한다면, 그 사람 앞에는 소망과 미래가 기다리고 있다는 사실을, 그곳 사람들이 알아야 했기 때문이다. 그래서 우리는 세 자녀와 동료 한 명과 함께 우크라이나 오데사로 이주했다. 그때 우리는 두 가지 목표를 마음에 품었는데, 하나는 우리 유대 민족에게 복음을 전하는 것이었고, 다른 하나는 소련 출신 스태프들로 구성된 유대인 복음 전도 사역 단체를 세우는 것이었다.

레이너(가명)는 우리와는 다른 목표를 가지고 오데사로 이주했다. 레이너는 하나님께서 이러한 사명을 위해 그를 부르셨다고 믿었는데, 바로 유대인들이 소련에서 이스라엘로 이주하는 것, 즉 알리야를 돕는 것이었다. 어느 날, 레이너는 내가 오데사에 살고 있다는 사실을 알게 되었고, 나와 대화를 나누기 위해 그의 호텔 방으로 초대했다.

우리가 서로 만났을 때, 우리는 바로잡아야 할 오해가 있다는 걸 알게 되었다. 레이너는 나를 현지 메시아닉 리더로 생각했고, 나에게 이곳에서 도망가라고 권할 생각이었다. 레이너는 분명히 유대인을 사랑하는 사람이었다. 소돔과 고모라에 주님의 심판이 임하기 전에 롯을 방문한 천사들처럼 말이다.

　레이너의 이런 권고와 계획을 들은 후, 나는 내가 원래 미국에서 온 유대인 선교사로, 우크라이나로 이주한 지 얼마 되지 않았고, 이곳에 있는 우리 민족에게 주님을 전하기 위해 온 것이라고 알려 주었다. 또한, 나는 우리가 함께 협력할 방안을 제안했고, 우리가 이곳에서 복음을 전한 지 2달 반 정도밖에 되지 않았지만, 하나님께서 이미 많은 놀라운 열매를 보여 주셨다고 설명했다. 유대인들은 그들의 마음을 예수님께 드렸고, 스태프들과 자원봉사자들도 마음을 모아 복음을 전하는 일에 열중하고 있었다. 나는 만약 레이너가 더 많은 유대인을 소련의 여러 다른 지역에서 오데사 항구로 데려올 계획이라면 같이 힘을 합치는 것이 좋을 것이라고 생각했고, 유대인 망명자들이 이스라엘로 떠나기 전에, 나와 우리 팀이 그들에게 복음을 전할 수 있다면 기쁠 것이라고 말했다. 그렇게 되면, 그들은 복음을 마음에 심고 이스라엘로 떠날 수 있기 때문이다. 나는 이것이 좋은 생각이라고 생각했고, 말을 하면 할수록 더욱 신이 났다.

　하지만 레이너에겐 그렇지 않았던 모양이다. 그는 경직된 모습으로 일어나, 마치 선생님이 불순종하는 학생을 질책하듯, 엄한 목소리로 말했다. "저는 선교 활동에 전혀 관여하지 않을 것이라고 약속했습니다." 그리고 한 서류철을 가져와 침대 위에 올려놓았다. 레이너는 진지하게 자부심을 보이며, 그가 직접 사인한 서류들을 보여 주었다. 그것은 예수님에 대해 말하지 않겠다는 서약서였다.

　나는 그 서류들을 보며 할 말을 잃어버렸다. 하지만 잠시 후 다시 목소리를 내어, 이렇게 말했다. "예슈아(예수님의 히브리어 이름)를 알지 못한 채 소련에서 죽는 유대인은 하나님과 단절된 채 영원으로 들어갑니다. 당신이 어떤 유대인을 도와서, 그 유대인이 소련에서 이스라엘로 갔다고 해도, 만약 그가 이스라엘에서 예슈아를 모른 채 죽는다면, 그 사람 역시 하나님과 단절된 채 영원에 들어갑니다."

레이너는 주춤거리며 말했다. "우리는 유대인이 주님을 모른 채 죽었을 때 어떻게 되는지 모르잖아요."

"압니다" 나는 부드럽지만 강하게 말했다. 그리고 우리 유대인을 향해 적힌 말씀인 히브리서 9:27을 짚어 줬다. "한 번 죽는 것은 사람에게 정해진 것이요 그 후에는 심판이 있으리니"

그러자 레이너는 이렇게 말했다. "신학적으로는 당신이 맞을 수도 있습니다. 하지만 제 심령은 불편함을 느끼네요." 레이너는 그 당시에 많은 크리스천들이 쓰던 표현을 사용했는데, 이 말은 상대방이 무엇을 말했든지, 자신의 심령이 상대방이 옳지 않다는 것을 알려준다는 뜻이었다.

나는 레이너에게 말했다. "당신이 느끼는 그 불편함은 주님에게서 온 것이 아닙니다." 이것을 어떻게 알았을까? 하나님의 영은 성경을 통해 이미 하나님께서 말씀하신 것과 반대되는 말씀을 우리 마음에 주시지 않기 때문이다. 그래서 우리에게 영들을 분별하라고 권면하신 것이다(요일 4:1). 그리고 우리가 분별할 수 있는 기준은 성경에 적힌 하나님의 말씀이다.

우리는 서로의 열정이 격한 논쟁으로 변하는 걸 원치 않았기 때문에, 되도록 조심스럽게 이야기를 나눴다. 하지만 이야기는 더 이상 진전되지 못했다. 우리는 어색하게 악수를 했고, 서로의 삶에 하나님의 축복을 기원했다. 그렇게 나는 그의 방을 떠났다.

나와 레이너 사이에 있던 문제는 유대인이 알리야를 해야 하는가에 대한 것이 아니었다. 우리 둘 다 알리야를 해야 한다고 믿었다. 또한, 우리가 얼마나 유대 민족을 사랑하는지에 대한 문제도 아니었다. 우리 둘 다 동일한 사랑을 가지고 있었다. 하지만 우리가 서로 갈라선 것은, 레이너가 구원의 말씀을 전하지 않겠다는 약속을 했기 때문이다. 우리 사이에 놓인 장벽은, 유대 민족이 다른 민족들과 마찬가지로 시급하게 복음을 들을 필요가 있는가 하는 문제였다. 레이너에게는 이것이 의문의 여지가 있는 문제였기 때문에, 딱히 중요하게 여겨지지 않았다. 하지만 나에게는 의문의 여지 없이 확실했고, 가장 중요한 문제였다. 내 민족에게 복음을 전하는 일은, 나에게 죽느냐 사느냐의 문제였다.

우리 중 한 명은 맞고, 한 명은 틀린 것이다.

만약 예슈아가 유대인의 메시아가 아니라 열방만을 위한 구원자라면, 그리고 만약 그분이 "이스라엘 중에 보전된 자를 돌아오게 하고, 이방의 빛이 되도록"(사 49:6) 아버지께서 보내신 약속의 구속자가 아니라면, 그분의 말씀을 유대 민족에게 전하는 것은 우리 유대인의 물리적, 영적 평안을 해치는 가장 큰 위협이 될 것이다. 왜 그럴까? 만약 예수님께서 스스로 말씀하신 것과는 다른 인물이라면, 그분을 믿도록 유대인을 설득하는 것은 유대인을 배교하게 만들려는 유혹이고 유대인의 존재를 위협하는 공격이기 때문이다. 만약 예수님께서 남의 이름을 사칭한 사기꾼이라면, 그분을 믿는 믿음은 구별된 민족, 하나님께 택함받은 민족인 유대인의 생존을 위태롭게 한다.

하지만 예수님이 하나님께서 세울 것이라 약속하신 모세와 같은 선지자라면 어떻게 될까? 하나님께서 유대 민족에게 바라보라고 명하신 인물이 예수님이었다면 어떻게 되는 걸까? 그리고 신명기 18:18~19 말씀처럼, 우리 유대인이 예수님께서 전하는 말을 듣지 않음으로, 하나님께 벌을 받게 된다면 어떻게 될까? 그렇다면 단순히 유대인이란 이유로 유대 민족에게 복음을 전하지 않는 것은 사랑의 행위가 아니다. 그것은 아마도 크리스쳔이 저지를 수 있는 가장 최악의 반유대인적인 행위일 것이다.

이건 쉽게 생각할 문제가 아니지만, 외면해서도 안 될 문제이다. 예수님은 유대인에게 축복이거나 재앙이다. 여기에 타협할 수 있는 다른 부분은 없다. 마치 그리심산과 에발산 사이에 중간 지대가 없었던 것처럼 말이다.

또한, 예수님께서 이스라엘의 메시아가 아니라면, 열방의 구원자도 아니다. 이 말은 곧 그분을 예배하는 크리스쳔들은 우상 숭배의 죄를 짓는 것이고, 자칭 하나님이라 주장한 사람을 예배했기 때문에 아브라함과 이삭과 야곱의 하나님께 심판을 받게 될 것이다(요 10:33).

　정리하자면, 예수님은 모든 사람의 주님이시거나, 그 누구의 주님도 아니다. 그분은 유대인과 비유대인 모두에게 경배와 존경, 순종을 받거나 아니면 거짓 구원자로서 모든 사람에게 거절당해야 한다. 모든 사람이 꼭 이 복음을 들어야만 하거나 아니면 아무도 그분의 이름을 알 필요가 없다.

　만약 당신이 아직 예수님을 믿지 않는 사람이라면, 이 책이 예슈아를 약속된 메시아로 믿는 사람들 사이에 이루어지는 격렬한 논란에 대해서 가감 없이 다루는 것을 볼 수 있을 것이다. 그런데 우선, 먼저 생각해 보고 답해야 할 근본적인 질문이 있다. 예수님은 메시아이신가 아닌가? 약 2천 년 전, 세례 요한이라는 유대인은 이렇게 물었다. "오실 그이가 당신이오니이까 우리가 다른 이를 기다리오리이까"(마 11:3) 이 질문을 마음에 두고 이 책을 읽길 바란다.

　만약 당신이 예수님을 믿고, 오직 복음만이 죄와 죽음에서 사람들을 구할 수 있다고 믿는다면, 이 책은 성경적 진리에 대한 당신의 믿음으로 어떤 대가를 치를지라도 당신이 진리 가운데 계속 군건하게 설 수 있도록 도와줄 것이다. 유대 민족을 사랑하기에 유대인들도 다른 사람들과 동일하게 예수님이 필요하다고 믿는 크리스천 가운데서도 이러한 확신을 유지하는 것이 점점 더 어려워지는 것 같아 보인다. 성경이 예견한 것처럼 세상이 점점 더 유대인을 대적하면서, 어떤 크리스천들은 자신들이 유대 민족과 함께 있다는 것을 표현하기 위해 유대인 복음 전도의 필요성을 부인하고 싶은 유혹을 받을 것이다. 그들은 유대 민족이 옳다고 말하는 모든 것에 찬성할 것이고, 유대 민족이 멀리하는 모든 것을 멀리할 것이다.

　안타깝게도, 대부분의 유대인은 복음 전도를 멀리한다. 나는 이 책을 통해, 당신이 유대인에게도 예수님이 필요하다는 사실을 더욱 굳게 지지하게 되길 바란다. 당신이 사랑하는 유대 민족이 그 사실을 인정하거나 받아들이지 못할지라도 말이다. 진정한 사랑은 사랑하는 사람이 비록 이해하지 못할지라도, 항상 그 사람을 위해 가장 최고의 것을 구하는 것이다.

만약 당신이 진실된 크리스천임에도, 유대인 복음 전도의 필요성을 지지하지 않는다면, 나의 주장들이 성경의 가르침에 충실한 것인지 마음을 열고 생각해 보길 바란다. 예슈아는 "내가 곧 길이요 진리요 생명이니 나로 말미암지 않고는 아버지께로 올 자가 없느니라"고 말씀하셨다(요 14:6). 당신이 이 말씀이 진실이고, 이 말씀이 그분의 민족인 유대인을 포함한 모든 사람에게 필요하다는 것을 보게 되길 바란다. 또한, 유대인 복음 전도를 지지할 수 있는 용기를 갖게 되길 간절히 바란다. 예수님과 그분을 이미 믿고 있는 유대인들과 함께 비난을 받게 되더라도 말이다.

혹시 레이너처럼, 당신은 침묵을 사랑의 표현이라고 생각할지도 모르겠다. 하지만 메시아닉 유대인인 우리로서는 결코 침묵할 수 없다. 우리 안에 있는 사랑이 복음을 전할 수밖에 없도록 만들기 때문이다. 어떤 이는 사랑은 침묵이라 하고, 어떤 이는 복음을 전하는 것이라고 한다.

이 중 하나는 맞고, 하나는 틀리다.

1장
성경은 어떻게 말하고 있는가

1. 좋은 소식과 나쁜 소식

복음이 유대 민족과 상관이 있다고 생각해 보자. 그렇다면 우리는 먼저 복음 자체에 대해 이해해 봐야 한다. 복음이라는 단어는 "좋은 소식"을 뜻한다. 하지만 사실 이 복음은 좋은 소식이기도 하고 나쁜 소식이기도 하다.

좋은 소식은 하나님께서 우리 각 사람을 정말 열렬히 사랑하셔서, 우리가 용서받고 하나님과의 개인적이고 영원한 관계 속으로 다시 돌아갈 수 있는 길을 열어 주신 것이다. 나쁜 소식은 우리 각 사람이 죄로 인해 하나님으로부터 끊어진 것이다. 우리는 반역하는 마음을 가지고 태어났기 때문에 평생에 걸쳐 반역하며 살아간다.

유대교의 가르침은 우리가 두 가지 본성을 가지고 있다고 말한다. 하나는 "하 옛 하라(ha yetzer hara)" 즉 악한 성향이고, 다른 하나는 "하 옛 토브(ha yetzer tov)" 즉 선한 성향이다. 이것은 매력적인 발상이다. 우리가 선과 악 사이의 중간 지점에 기준을 두고 태어났고, 선한 성향 쪽을 향해 삶의 행로를 조절할 수 있다는 뜻이기 때문이다. 단지 어떤 특정한 길을 따라간다면 말이다. 이 가르침에 따르면, 우리 유대인을 위한 길은 모세의 율법을 엄격하게 지키는 삶을 추구하는 것이다.

하지만 솔직하게 생각해 보자. 어린 시절, 질투나 이기심을 배워야만 했던 사람이 있는가? 자신의 것이 아닌 것을 탐내는 법을 배워야만 할 수 있었나? 다른 사람을 탓하고, 옳지 못한 일인 걸 알면서도 저질렀던 일을 감추고, 그러다 들키면 부인하고 거짓말하고.

우리는 이 모든 것을 굉장히 자연스럽게 행했다.

반면에 우리는 신뢰와 나눔, 친절함과 너그러움을 배워야만 했다. 악한 것 대신 선한 것을 선택하는 법을 배워야만 했다. 슬프게도 악함이 우리의 기본 상태이고, 타고난 기질이기 때문이다.

우리는 두 가지 본성을 가지고 있지 않다. 한 가지만을 갖고 있을 뿐이다. 애석하게도 우리는 태어날 때부터 죄를 짓고 반역하는 본성에 물들어 있다. 이 본성이 우리의 영적 유전자이고, 우리를 죽이고 있다.

우리가 무엇을 하든지 결핍과 무의미함을 느끼는 것은, 바로 우리의 반역 때문이다. 우리가 하나님을 떠남으로 삶의 의미와 수고에 대한 참된 확신을 주실 수 있는 유일한 분과 자신들을 단절시킨 것이다. 솔로몬은 하나님과의 단절로 얻게 된 무의미한 삶이 얼마나 비참한 것인지 알았다. 그래서 솔로몬은 이렇게 외친 것이다. "헛되고 헛되니 모든 것이 헛되도다"(전 1:2)

우리의 관계가 우리를 만족시키지 못하고 허물어지는 것은 바로 우리의 반역 때문이다. 가장 기본적인 하나님과의 관계가 우리의 죄로 인해 단절되었기 때문에 다른 사람들과의 모든 관계도 죄에 넘어가고 말았다. 우리가 서로에게 신실하지 못한 것은 우리가 하나님께 신실하지 못했기 때문이다. 우리가 이것을 바꾸기 위해 노력한다고 해도 죄가 우리 삶의 모든 면을 단단히 붙잡고 있으므로, 우리는 그 속박을 전혀 끊어 낼 수 없다. 오히려 거기에 사로잡혀, 무의미한 삶과 깨어진 관계 속에서 이를 바꿀 힘도 없이 그저 기어 다니게 된다. 그리고 그렇게 하나님이 없는 영원을 향해 나아가는 것이다. 이것이 바로 나쁜 소식이다.

구원 받다

하지만 여기엔 기쁜 소식도 있다. 하나님께서 우리 각 사람을 정말 열렬히 사랑하셔서, 우리의 반역이 용서받을 수 있는 길을 열어 주시고, 곤경에서 빠져나와 하나님과의 합당한 관계 속으로 다시 돌아갈 수 있는 길을 열어 주신 것이다. 아버지께서는 아들이자 메시아이신 예슈아(예수님의 히브리어 이름)를 보내어 우리의 죗값을 대신 치르게 하셨고, 모세와 선지자들이 예언한 것처럼 죽은 자 가운데서 다시 살아나게 하셨다. 예수님이 죽으셨을 때, 그분은 우리의 반역으로 받아야 마땅할 하나님의 형벌을 대신 지셨다. 그래서 예수님은 십자가에서 말할 수 없는 엄청난 고통으로 울부짖으셨다. "내 하나님이여 내 하나님이여 어찌 나를 버리셨나이까"(시 22:1) 그렇다. 예수님은 우리에게 십자가형에 대한 예언을 나타내 보이셨고, 이를 통해 모든 것이 아버지께서 계획하신 대로 진행되고 있음을 알 수 있도록 하셨다. 하지만 동시에 이 말은 상상할 수 없는 정서적 고통이 담긴 울부짖음이기도 했다. 그때 그 순간, 아들은 아버지에게서 완전히 버림받고 내던져지는 공포를 경험한 것이다. 그 버림받음은 정말 지옥과 같았을 것이다.

예슈아의 괴로움은 우리의 것이어야만 했다. 하지만 그분은 스스로 그 고통을 대신 지셨고, 결코 우리가 그 고통을 모르도록, 그 울부짖음을 내뱉지 않을 수 있도록 해 주셨다. 그가 기꺼이 자신의 생명을 바쳐 우리의 죗값을 대신 치르심으로 우리가 받아야 할 형벌을 기꺼이 감당하셨다.

> "그가 찔림은 우리의 허물 때문이요 그가 상함은 우리의 죄악 때문이라 그가 징계를 받으므로 우리는 평화를 누리고 그가 채찍에 맞으므로 우리는 나음을 받았도다… 그는 곤욕과 심문을 당하고 끌려 갔으나 그 세대 중에 누가 생각하기를 그가 살아 있는 자들의 땅에서 끊어짐은 마땅히 형벌 받을 내 백성의 허물 때문이라 하였으리요"(사 53:5, 8)

예수님은 우리의 죄를 위해 죽으셨다

하지만 예수님은 죽으신 상태로 머물지 않았고, 무덤에서 다시 일어나셨다. 이는 시편 16:10에서 다윗왕에 의해 예언되었고, 마태복음 12:39~40에서 예슈아가 스스로 약속하신 일이었다. 예수님의 부활은 자신이 우리의 메시아라는 그분의 주장이 옳다는 것을 증명했다. 예수님의 부활이야말로 그분이 우리에게 줄 것이라 약속하신 바로 그 확증이기 때문이다. 또한, 그분의 부활은 우리가 하나님께 지은 빚이 우리를 대신해 갚아졌다는 것을 확실하게 알려 준다. 단지 우리가 회개하고 믿기만 한다면 말이다. 이것은 이해하기 쉬운 법률적 개념으로, 마치 범죄자가 사회에 진 빚을 다 갚고 감옥에서 풀려나는 것과 마찬가지다. 그래서 예슈아는 죽음의 감옥에서 풀려나셨고, 이는 우리의 빚이 갚아졌다는 증거가 되었다. 우리가 단지 그 속죄의 값을 우리의 것으로 여기기만 한다면 말이다.

예수님의 부활은 우리에게 또 다른 확신을 준다. 예수님이 살아 계시기 때문에 우리는 그분께로 갈 수 있고, 우리가 회개의 마음으로 나아간다면 용서받을 것을 확신할 수 있다. 이것이 우리가 경험할 수 있는 가장 최고의 위로이다.

생각하고 싶진 않지만 이와 다른 경우를 한번 살펴보자. 만약 예수님이 죽으시고 다시 죽은 자 가운데서 살아나지 않으셨다면, 내가 상하게 한 예수님이 더 이상 살아 계시지 않는다면, 그렇다면 나는 "내가 너를 용서한다."라고 말씀하시는 예수님의 음성을 결코 듣지 못할 것이다. 아무리 몸부림치며 나의 죄악을 후회해도, 나는 절대 죄에서 벗어날 수 없다. 시체는 용서할 수 없기 때문이다.

하지만 예슈아는 죽어 있지 않다. 그분은 살아 계신다. 그리고 우리가 그분께 용서해 달라고 구할 때, 그분은 우리가 들을 수 있는 가장 아름다운 말을 해 주신다. "네 죄가 용서받았다."

예슈아께서 우리를 위해 죽으시고 죽은 자 가운데서 다시 살아나신 것을 믿고, 우리의 죄를 회개하고 용서를 구하며, 그분을 주님이

시라고 숨김없이 고백한다면, 예수님은 현재 우리의 삶을 다스리고 있는 죄의 힘에서 우리를 구하시고, 우리가 마땅히 받아야 할 영원한 형벌로부터 구해 주신다. 이 영원한 형벌이란 아버지에게서 완전히 그리고 영원히 버림받는 것이다. 예수님은 만성적으로 반역하는 우리의 마음을 순종하길 원하는 새 마음으로 바꿔 주신다. 우리 안에 있는 그분의 영은 우리가 순종할 힘을 주신다. 그분은 우리의 텅 빈 공허한 삶을 목적과 계획으로 채워 주신다. 예수님은 마음과 목숨과 뜻을 다하여 그분을 사랑할 것과 서로를 자신의 몸과 같이 사랑하라는 가르침을 통해, 우리의 관계들을 바르게 해 주신다. 그분은 우리와 하나님 사이의 끊어진 관계를 새로운 관계로 바꿔 주신다. 이 새로운 관계는 친밀하고 영원하며, 우리가 회개하고 믿는 그 순간부터 시작된다.

성경은 이 관계를 영원한 생명의 선물이라고 부른다. 하지만 이 영원한 생명을 경험하기 위해 영원의 시간을 기다릴 필요는 없다. 우리가 복음의 말씀을 듣고 회개한다면, 이 선물은 지금 바로 우리의 것이 된다.

이것이 바로 좋은 소식이다. 이것이 바로 복음이다. 이것이 바로 진리이다. 그리고 이것이 바로 유대인을 포함한 모든 사람이 듣고 받아들여야 할 말씀이다.

2. 유대인에게 예수님이 필요 없다면, 그건 왜일까?

나는 이런 말을 들었다.

"유대인은 구원받기 위해서 예수님을 믿을 필요가 없다."

만약 유대인의 구원에 예수님이 필요 없다는 말이 사실이라면, 예수님과 그의 제자들은 동족인 유대인들에게 왜 그렇게 열정적이고 끈질기게 복음을 전했을까?

복음서인 마태복음을 보면, 예수님께서 갈릴리를 두루 다니시며, "그들의 회당에서 가르치시며 천국 복음을 전파"하신다.(마 4:23) 예수님께서 "천국 복음"을 전파하셨다는 사실은 자연스럽게 이런 결론을 내리게 한다. 바로 우리가 지금도 유대 민족에게 복음을 전해야 한다는 것이다.

그런데 반드시 모두가 이러한 결론을 내리는 것은 아니다. 누군가는 예수님이 복음을 필수 사항이 아닌 선택 사항으로써 전하셨다고 주장할 수도 있고, 아니면 그분의 말씀과 행동은 그가 구약 시대의 선지자들과 같은 존재라는 것을 보여 준다고 주장할 수도 있다. "그래요. 예수님은 그분의 백성들을 향해 회개하라고 외쳤죠. 하지만 그건 예수님 이전의 수많은 선지자도 마찬가지였어요."

하지만 예수님께서 전한 다른 말씀들을 생각해 보면, 그 말씀에 담긴 특정한 내용과 자기 자신에 대한 그분의 독특한 말씀의 그림이 더욱 선명하게 드러난다. 요한복음 8:24에서, 예수님은 이렇게 말씀하신다. "너희가 만일 내가 그인 줄 믿지 아니하면 너희 죄 가운데서 죽으리라." 그리고 유명한 신약 말씀들 가운데 요한복음 14:6을 보면, 예수님께서 이렇게 선포하신다. "내가 곧 길이요 진리요 생명이니 나로 말미암지 않고는 아버지께로 올 자가 없느니라."

이 두 말씀에서, 예수님은 자기 자신에 대한 특별한 주장을 나타내셨고, 이것들을 동족인 유대인들에게 말씀하셨다. 그렇다면 결론은 명백하다. 예수님께선 복음을 선택 사항이 아닌 필수 사항으로써 유대 민족에게 전하신 것이다.

"아버지께서 나를 보내신 것 같이 나도 너희를 보내노라"
(요 20:21)

예수님은 혼자서만 유대인에게 복음을 전하신 게 아니라, 제자들에게도 그렇게 하라고 명하셨다. 마태복음 10:6~7을 보면, 예수님께서 처음 사도들을 보내어 복음을 전하게 하면서, 이렇게 명하신다. "오히려 이스라엘 집의 잃어버린 양에게로 가라 가면서 전파하여 말하되 천국이 가까이 왔다 하고"

사도행전은 사도들과 초기 제자들이 이러한 주님의 명령을 가지고 복음을 전하러 갈 때마다 유대인을 전도하였음을 분명히 보여 주고 있다. 예를 들어, 주님의 부활 이후 처음 맞게 된 샤부옷(오순절) 날에, 베드로는 세상 거의 모든 지역에서 모인 유대인 군중에게 이 말씀을 전했다. "그런즉 이스라엘 온 집은 확실히 알지니 너희가 십자가에 못 박은 이 예수를 하나님이 주와 그리스도가 되게 하셨느니라"(행 2:36)

베드로는 동족 유대인에게 끊임없이 복음을 전했고, 이로 인해 결국 71명의 종교 지도자로 구성된 산헤드린 공회 앞에 서게 됐다. 그러한 상황 가운데서도 베드로는 이렇게 선포했다.

"천하 사람 중에 구원을 받을 만한 다른 이름을 우리에게 주신 일이 없음이라 하였더라"(행 4:12)

우리는 다시 한번 이 말씀의 내용과 선포된 장소에 대해 주목해 봐야 한다. 베드로는 예수님만이 구원의 길이심을 강하게 선포했고, 이 선포는 동족 유대인들을 향한 것이었다. 더군다나 유대 최고 법원을 향해서 말이다.

"할례자"에게 보내심을 받은 사도 베드로(갈 2:7)

갈라디아서 2:7~8을 보면, 바울은 베드로가 할례자의 사도 또는 유대 민족의 사도라고 말한다. 그리고 사도란 복음과 함께 보내진 사람을 뜻한다. 사도들이 전하는 복음은 예수아께서 우리의 죄를 위해 죽으시고 죽은 자 가운데서 다시 살아나셨다는 좋은 소식이다. 하지만 만약 유대인에게 복음을 전할 필요가 없다면, 왜 베드로는 주님에게서 유대인의 사도가 되라는 보내심을 받았을까? 왜 베드로는 계속 목숨을 걸고 들을 필요도 없는 사람들에게 말씀을 전했을까?

물론 이 질문은 베드로에게만 국한되지 않는다. 다른 사도들과 제자들도 동족 유대인들에게 복음을 전했다(행 6:7~10, 11:19). 그리고 그들 중 대다수가 오직 유대인에게만 복음이 전해져야 한다고 생각했다. 하지만 열띤 토론과 성령의 개입하심을 통해서 초기 유대인 성도들은 이방인에게도 복음이 전해져야 함을 확신하게 되었다(행 11:1~3, 15:6~9, 13~20). 다시 말해서, 초대 교회 시절에는 이방인 복음 전도가 논쟁 거리였지만, 유대인 복음 전도는 당연한 일이었다. 유대인 복음 전도는 당연한 것이었고, 유대인에게 복음을 전하는 일과 필요성에 대해 따지는 사람도 없었다.

"먼저는 유대인에게요"(롬 1:16)

바울은 이방인의 사도로서 부르심을 받았다(행 22:21, 갈 2:7). 하지만 사도행전의 기록을 살펴보면 바울이 어떤 도시에서든지 사역을 새롭게 시작할 때마다, 먼저 동족 유대인들을 전도한 것을 볼 수 있다. 사실, 바울이 다메섹에서 다른 제자들과 함께 지냈던 때는 믿음을 갖게 된 지 얼마 되지 않았고, 첫 번째 전도 여행을 떠나기 훨씬 이전이었다. 그런데도 바울은 "즉시로 각 회당에서 예수가 하나님의 아들이심을 전파"했다(행 9:20). 그리고 예루살렘으로 돌아간 이후, 바울은 "헬라파 유대인들과 함께 말하며 변론하는 일"에 시간을 보냈다(행 9:29). 바울이 다메섹과 예루살렘에서 행한 일들은 그의 선교 생활 내내 방문하는 모든 도시에서 계속 이루어졌다. 심지어 사도행전의 마지막 장에서 바울은 로마에 죄수로 끌려갔지만, 그가 "유대인 중 높은 사람들을 청하여… 아침부터 저녁까지 강론하여 하나님의 나라를 증언하고 모세의 율법과 선지자의 말을 가지고 예수에 대하여 권한 것"을 볼 수 있다(행 28:17, 23).

이렇게 우리는 다메섹에서 로마까지, 이방인의 사도 바울이 유대인에게 먼저 복음을 전한 것을 계속 보게 된다.

"모세가 율법에 기록하였고 여러 선지자가 기록한 그이를 우리가 만났으니 요셉의 아들 나사렛 예수니라"(요 1:45)

예슈아의 초림 이전부터, 모세와 선지자들은 예수님의 오심을 나타내고, 예수님의 말씀을 전하며 우리에게 그분을 믿을 것을 촉구했다. 하나님께서는 율법을 통해 오실 구속자에 대해 약속하셨고 동시에 그의 말씀을 믿지 않으면 마주하게 될 결과에 대해서도 유대 민족에게 경고하셨다. 하나님께서는 모세를 통해 이렇게 말씀하셨다.

"내가 그들의 형제 중에서 너와 같은 선지자 하나를 그들을 위하여 일으키고 내 말을 그 입에 두리니 내가 그에게 명령하는 것을 그가 무리에게 다 말하리라 누구든지 내 이름으로 전하는 내 말을 듣지 아니하는 자는 내게 벌을 받을 것이요"
(신 18:18~19)

만약 유대인이 예수님을 믿을 필요가 없다면, 왜 하나님께서는 굳이 모세를 통해 예슈아의 말씀을 마음에 품고 믿지 않으면 받게 될 무서운 결과에 대해 경고하셨을까?

모세로부터 6세기가 지난 후, 이사야 선지자는 하나님의 종이 고난받는 이유에 관해 설명했다. 이사야는 유대인으로서 다른 유대인들에게 이런 말씀을 적고 선포했다. "그가 찔림은 우리의 허물 때문이요 그가 상함은 우리의 죄악 때문이라"(사 53:5) 마찬가지로 다른 선지자들도 많은 것을 알려 주었다. 우리는 미가를 통해 메시아가 베들레헴에서 태어날 것을 알게 되었다(미 5:2). 다윗을 통해서는 그분이 십자가에 달려 죽으시고, 죽은 자 가운데서 다시 살아나실 것을 배웠다(시 22, 16:10). 다니엘을 통해서는 이 모든 일이 AD 70년에 일어난 제2 성전의 파괴 이전에 일어날 것을 배웠다(단 9:25~26).

그렇다면 우리는 다시 한번 이런 질문을 할 수밖에 없다. 정말 예수님의 정체성을 알고 예수님을 믿을 필요가 없다면, 왜 이런 구체적인 세부 내용이 있는 걸까?

이사야로부터 7세기가 지난 후, 신약의 시대가 새롭게 밝았다. 그리고 사가랴는 자기 아들 세례 요한의 사역에 관해 설명하면서, 요한이 "주 앞에 앞서 가서 그 길을 준비하여 주의 백성에게 그 죄 사함으로 말미암는 구원을 알게 할 것"이라고 말했다(눅 1:76~77). 만약 유대인이 복음을 들을 필요가 없다면, 왜 하나님께서는 굳이 세례 요한을 보내어, 우리에게 "구원을 얻는 지식"을 주시고, "세상 죄를 지고 가는

하나님의 어린양"에 대해 나타내신 것일까? (요 1:29)

선지자들이 예수님의 오심을 일러 주었고, 그분을 바라보도록 유대인들에게 간청한 것은 분명하다. 또한 사가랴와 세례 요한이 우리에게 예수님을 나타낸 것도, 예수님께서 친히 동족 유대인들에게 복음을 전파하신 것과 예수님께서 제자들에게 똑같이 하라고 명하신 것, 제자들이 예수님의 명령에 순종했고 그분의 본을 따른 것도 분명하다.

성경의 기록은 이것을 절대 모호하게 말하지 않는다. 하지만 많은 오해와 잘못된 주장들이 유대인 복음 전도의 중요성과 필요성을 흐리게 하고 약화시키고 있다. 그럼 이제 이러한 주장들을 따져 보며 이것들이 어떻게 성경의 가르침을 거스르고 있는지 살펴보자.

2장
오해

3. 유대인들은 이미 구원을 받았다
그들은 원가지이고, 하나님께서 뽑으시고 택하셨기 때문이다

나는 이런 말을 들었다.

> "유대인들은 확고한 택하심을 입었고, 하나님의 선택받은 백성 곧 감람나무의 원가지들이다. 이 말은 그들이 이미 하나님과 올바른 관계를 맺고 있다는 것이며, 본질적으로 그들은 이미 구원을 받았다."

이스라엘이 택함을 받았다는 것은 물론 확고한 사실이다. 이 사실에 대해 주님께 감사를 드린다. 만약 그렇지 않았다면, 우리는 모두 하나님이 주신 언약의 약속을 무엇 하나 제대로 믿지 못한 채 의심했을 것이다. 죄를 용서하시는 것과 영원한 생명에 대한 새 언약의 약속들을 포함해서 말이다. 만약 하나님께서 하나의 언약이라도 깨뜨리실 수 있다면, 다른 모든 언약도 깨뜨리실 수 있지 않을까? 이스라엘의 변하지 않는 택함은 "우리는 미쁨이 없을지라도 주는 항상 미쁘시니 자기를 부인하실 수 없으시리라"(딤후 2:13)라는 사실을 증거한다.

바울이 로마의 성도들에게 보내는 서신을 보면, 바울은 이스라엘의 택함받음에 대해 강력하게 말하고 있다. "그러므로 내가 말하노니 하나님이 자기 백성을 버리셨느냐 그럴 수 없느니라 나도 이스라엘인이요 아브라함의 씨에서 난 자요 베냐민 지파라 하나님이 그 미리 아신 자기 백성을 버리지 아니하셨나니"(롬 11:1~2) 같은 장 후

반에, 바울은 이스라엘 백성이 원가지이며 이방인들은 접붙임 받은 야생 가지라고 설명한다(롬 11:17~22).

하지만 과연 민족적으로 뽑히고 택함받았다는 뜻이 개인적으로도 구원받았다는 말일까? 또한 원가지라는 뜻은 유대인들이 하나님과 올바르고 개인적인 관계를 갖기 위해 굳이 예수아를 영접하지 않아도 된다는 말일까? 로마서 말씀을 더 넓게 살펴보면, 9장부터 11장까지의 말씀이 이런 의문을 분명하게 해결해 준다.

바울은 서신에서 자신의 민족이 하나님과 끊어진 것에 대해 심히 고통스러워하며, 이렇게 말한다. "나의 형제 곧 골육의 친척을 위하여 내 자신이 저주를 받아 그리스도에게서 끊어질지라도 원하는 바로라 그들은 이스라엘 사람이라"(롬 9:3~4) 그리고 동족 유대인들을 위해서 이렇게 기도했다. "내 마음에 원하는 바와 하나님께 구하는 바는 이스라엘을 위함이니 곧 그들로 구원을 받게 함이라"(롬 10:1) 이어서 11장에서는, 로마인 성도들에게 이렇게 말했다. "내가 이방인의 사도인 만큼 내 직분을 영광스럽게 여기노니 이는 혹 내 골육을 아무쪼록 시기하게 하여 그들 중에서 얼마를 구원하려 함이라"(롬 11:13~14)

그리고 몇 구절을 더 살펴보면, 바울은 가지에 대한 비유를 전한다(롬 11:17) 바울은 유대 민족이 원가지라고 말하고, 이방인 성도들은 접붙임받은 야생 가지라고 설명한다. 그런데 이 말씀에서 바울이 유대인들은 이미 구원받았다는 말을 하는가? 그렇지 않다. 바울은 가지에 대한 비유를 통해 그 반대를 이야기하고 있다. 바로 우리 유대인이 원가지일지라도 우리의 불신앙으로 인해 많은 수의 유대인이 잘려 나갔다는 것이다. 이 가지의 비유는 유대인의 자동적인 구원을 확증하는 것이 아니라 오히려 이방인 크리스천들에게 불신앙의 위험성을 경고하고 있다. 그래서 바울은 이렇게 적었다.

"옳도다 그들(유대인들)은 믿지 아니하므로 꺾이고 너는 믿으므로 섰느니라 높은 마음을 품지 말고 도리어 두려워하라 하나님

이 원 가지들도 아끼지 아니하셨은즉 너도 아끼지 아니하시리라"(롬 11:20~21)

이방인을 향한 이런 엄청난 경고 속에는 유대 민족을 향한 좋은 소식이 담겨 있다. 하나님께서는 "그들도 믿지 아니하는 데 머무르지 아니하면 접붙임을 받으리니 이는 그들을 접붙이실 능력이 하나님께 있다"고 약속하신다(롬 11:23). 다시 말하면, 하나님께서 원 가지인 유대인들을 다시 접붙이시겠다는 것이다. 오직 우리 유대인이 불신앙을 버리고 예슈아를 믿는다면 말이다.

바울이 유대인을 원가지라고 부른 것은, 우리가 구원받을 필요가 없다는 뜻으로 한 것이 아니다. 바울이 우리를 원가지라고 부른 것은, 우리가 믿음을 갖게 된다면 정말 자연스럽게 접붙임받게 될 것을 이야기한 것이다.

"네(로마인)가 원 돌감람나무에서 찍힘을 받고 본성을 거슬러 좋은 감람나무에 접붙임을 받았으니 원 가지인 이 사람들이야 얼마나 더 자기 감람나무에 접붙이심을 받으랴"(롬 11:24)

안타깝게도, 우리가 예수님을 믿지 않음으로 우리 중 많은 가지가 꺾였다. 하지만 하나님의 은혜로, 우리는 접붙임을 받을 수 있다. 우리가 주님을 믿기만 한다면 말이다.

열방을 위한 빛

원가지는 민족적으로 하나님께 뽑히고 택함을 받았다. 하지만 그렇다고 자동으로 개개인이 구원받는 것은 아니다. 왜 그런 걸까? 겉보기에 역설적인 이 말을 이해하려면 히브리 성경이 '선택한 (chosen, elected)'이라는 단어를 어떤 의미로 사용하는지 이해할 필요가 있다(예: 신 7:6, 시 33:12, 사 44:1). 하나님은 특정한 임무를 수행하라고 유대인을 선택하셨다. 그 임무는 온 열방에 복음의 빛이 되는 것이었다. 이사야 43장을 보면 이렇게 말씀한다.

> "나 여호와가 말하노라 너희는 나의 증인, 나의 종으로 택함을 입었나니… 이 백성은 내가 나를 위하여 지었나니 나를 찬송하게 하려 함이니라"(사 43:10, 21)

그로부터 7세기가 지난 후, 사도 베드로는 여러 지역에 흩어진 동족 유대인 성도들을 위해 먼저 쓴 서신에서 이 부르심을 다시 전했다.

> "그러나 너희는 택하신 족속이요 왕 같은 제사장들이요 거룩한 나라요 그의 소유가 된 백성이니 이는 너희를 어두운 데서 불러내어 그의 기이한 빛에 들어가게 하신 이의 아름다운 덕을 선포하게 하려 하심이라"(벧전 2:9)

증인으로서 그리고 선포하기 위해 택함받았다는 것. 이 얼마나 큰 특권인가! 그런데 여기에는 문제가 하나 있다. 우리 유대인이 복음을 믿지 않는 이상 복음을 선포할 수 없고, 우리가 복음을 듣지 않는 이상 복음을 믿을 수가 없고, 누군가 우리에게 복음을 먼저 전해 주지 않는 이상 복음을 들을 수가 없다는 것이다. 그래서 이방인의 사도 바울은 언제나 유대인에게 먼저 복음을 전할 수밖에 없었다. 바울은 유대 민족에게 복음을 전해 그 유대인들이 열방에 복음을 전하게 하시려는 하나님의 전략을 이해했다. 이것이 우리 유대인의 부르심이고, 우리가 택함받은 이유다.

그리고 사탄도 전략이 있다. 곧 하나님의 복음 전도자들을 무너뜨리거나, 그들을 무너뜨릴 수 없다면 예수님을 믿는다고 말하는 이방인들의 잘못된 행위를 통해서 우리 유대인과 메시아의 사이를 이간질하는 것이다. 그래서 결국 택함받은 미래의 유대인 전도자들이 복음에 무지해지고 유대인이 전하도록 정해진 그 복음을 볼 수 없게 되는 것이다.

만약 우리가 이 부르심을 이해한다면, 왜 사탄이 이렇게 끊임없이 교활하고 체계적으로 하나님께서 택한 백성들을 무너뜨려 왔는지 이해할 수 있다. 사탄은 예수님의 초림 이전에 우리를 멸절시키려 했다. 그렇게 되면 사탄은 성경이 기록되는 것을 막을 수 있었을 것이고 구원자가 태어나는 것을 막을 수 있었을 것이다. 예수님의 십자가 사건과 부활하심이 이루어진 이후, 사탄은 줄곧 우리를 무너뜨리려 하고 있다. 그렇게 되면 사탄은 복음이 전해지는 것을 막고, 주님의 재림을 막을 수 있기 때문이다. 간단히 말하자면, 유대인 선교사들이 복음으로 열방을 덮고, 이스라엘이 회개하고 믿음으로 "바룩 하바 베셈 아도나이(Baruch haba b'shem Adonai)", 즉 "찬송하리로다 주의 이름으로 오시는 이여"(마 23:39) 할 때까지 예수님은 다시 돌아오시지 않는다. 하지만 우리가 우리의 구속자를 주님으로 부르지 않는다면 주님의 재림을 위해 외칠 수가 없다.

감사하게도 내가 내 민족을 위한 선교사가 된 지 거의 40년이 되었다. 나는 두 가지 목적으로 이 일에 힘써 왔다. 하나는 내 민족이 구원받는 것을 보는 것이고 다른 하나는 내 민족이 부르심을 이루는 것을 보는 것이다. 나는 유대인 복음 전도자들이 열방에, 특히 우리 민족이 미움받고 수없이 죽은 나라들에 복음을 들고 나아갈 날을 위해 살아가며 일하고 있다. 아이러니하게도 여러 나라로 인해 쓰인 우리 민족의 박해의 역사가 이제는 우리가 복음을 선포할 수 있는 발판이 되었다. 박해의 역사가 이런 식으로 돌아오다니 이 얼마나 놀라운가! 부끄러움 없이 공개적으로 십자가의 말씀을 선포하는 유대인의 존재를 누가 무시할 수 있겠는가? 유대인의 입술에서 전해지는 복음의 말씀을 그 누가 못 본 체하고 듣지 않을 수 있겠는가? 우리가 환영을 받든 비난을 받든, 우리가 주는 영향력은 똑같을 것이고, 사람들은 주목할 것이다.

하지만 전 세계적으로 유대인들이 선포하는 날이 오려면 우리는 먼저 복음을 듣고 믿어야 한다.

많은 크리스천이 유대인은 여전히 하나님의 선택받은 백성이라는 성경적 진리를 열심히 지지한다. 나는 이런 크리스천들이 보내 주는 지지에 대해 하나님께 감사드린다. 하지만 이런 크리스천 중에도 상당수가 우리가 선택받은 중요한 목적, 곧 열방에 복음을 선포해야 하는 그 목적에 대해서는 알지 못한다. 그 결과, 그들은 유대인에게 복음을 전하는 것을 반대하면서 자신도 모르게 사탄의 손에 놀아나고 있다. 그들은 유대인 복음 전도를 반대함으로 우리의 민족적 구원을 반대하는 것이다. 그리고 이 민족적 구원은 우리의 선교적 사명을 이루기 전에 반드시 일어나야만 한다. 이 얼마나 기구하고 지독한 일인가? 자신을 이스라엘의 가장 열렬한 지지자라고 생각하는 크리스천들이 고의로 우리 부르심의 성취를 방해함으로 사실 우리의 가장 열렬한 반대자가 된 것이다.

우리 유대인이 복음을 믿지 않는 이상 복음을 전할 수가 없다. 우리는 예수님의 빛을 우리 마음에 받지 않는 이상 열방에 예수님의 빛을 전달할 수가 없다.

4. "아브라함과 모세와 맺은 하나님의 언약으로 충분하다"

나는 이런 말을 들었다.

> "유대인은 예수나 복음이 필요 없다. 그들은 하나님께로 갈 수 있는 그들만의 방법이 있기 때문이다. 그들은 하나님께서 아브라함과 맺은 언약을 통해 구원받았다. 또는 열심히 율법을 지키려 노력하기만 한다면 그들은 구원받는다."

이 가르침은 이중 언약 신학(dual-covenant theology)이다. 이 신학은 제 2차 세계 대전 말부터 크리스천들에게 점차 큰 인기를 끌었다. 이 신학이 인기를 끈 이유는 두 가지로 설명할 수 있다. 바로 개신교 자유주의 신학의 발흥과 1900년간 교회가 유대 민족에게 보인 적대감에 대해 크리스천들이 가진 죄책감 때문이다.

궁극적으로 이 적대감은 나치 정권이 유대 민족에게 행한 잔혹한 행위에 대해서 교회가 부끄러운 침묵을 택하도록 만들었다. 그리고 교회가 더 이상 우리의 기분을 상하게 하고 싶지 않아 하는 이 시대에서, 이중 언약 신학은 유대인이라면 자연스레 불쾌하게 생각하는 신약의 가르침, 곧 아들로 말미암지 않고는 아버지께로 올 자가 없다는 이 가르침을 크리스천들이 외면할 수 있도록 해 준다. 이중 언약 신학은 이 불쾌함을 없애 버린다.

한 번 태어나서 받는 구원과 다시 태어나서 받는 구원?

이중 언약 신학은 기본적으로 유대인에게 예슈아의 속죄와 부활을 통한 구원이 필요 없다고 주장한다. 유대 민족은 아브라함과 하나님이 맺은 언약을 통해서 하나님과 구원에 이르는 관계를 맺고 있기 때문이다.

다시 말하자면, 유대 민족은 이 족장 아브라함의 후손이기 때문에 구원받았고, 우리는 유전자를 통해 구원을 물려받았다. 우리는 태어나면서부터 구원받은 것이다.

하지만 이것이 성경이 가르치는 구원의 기준에 맞는 것일까? 단지 출생에 힘입어 구원받는 사람이 있을까?

세례 요한은 아브라함의 언약만으로 충분히 하나님과 올바른 관계를 맺을 수 있다는 생각에 반박했다. 세례 요한은 서기관들과 바리새인들에게 이렇게 이의를 제기했다. "속으로 아브라함이 우리 조상이라고 생각하지 말라 내가 너희에게 이르노니 하나님이 능히 이 돌들로도 아브라함의 자손이 되게 하시리라"(마 3:9)

사도 바울 또한 아브라함의 언약을 통한 구원에 대해 반박했다. 바울은 비시디아 안디옥에서 "아브라함의 후손"(행 13:26)이라고 부르는 사람들에게 말씀을 전했다. 바울은 그들에게 예슈아를 믿도록 권고했고, 하박국 선지자가 경고한 위험에서 벗어나도록 간청했다. "보라 멸시하는 사람들아 너희는 놀라고 멸망하라"(행 13:41) 만약 아브라함의 후손들이 이미 구원을 받았다면, 바울은 왜 그들에게 경고해야만 했을까?

예수님은 친히 아브라함이 아브라함의 언약으로 인해 구원받은 것이 아니라, 오실 메시아를 기대하고 믿음으로 구원받았다는 것을 확실하게 말씀하셨다. "너희 조상 아브라함은 나의 때 볼 것을 즐거워하다가 보고 기뻐하였느니라"(요 8:56)

창세기 12장에 기록된 것처럼 주님께서 아브라함과 언약을 맺으실 때, 아브라함에게 변치 않는 많은 약속을 주셨다. 주님은 족장 아브람에게 땅을 약속하셨고(1절), 복을 약속하셨고(2절), 창대한 이름을 약속하셨고(2절), 지속되는 보호하심을 약속하셨고(3절), 아브라함으로 말미암아 땅의 모든 족속이 복을 얻을 것이라 약속하셨다(3절). 하지만 주님은 아브라함의 육체적 후손들이 자동으로 죄 사함을 상속받을 것이라 약속하지 않으셨다.

아브라함의 언약은 우리가 믿음으로만 구원받을 수 있다는 본보기가 되어 준다. "아브람이 여호와를 믿으니 여호와께서 이를 그의 의로 여기시고"(창 15:6) 그리고 이 본보기는 상속받은 언약이 아닌 개인의 믿음이다. 그 누구도 출생에 힘입어 구원받지 않는다. 그 대신 다시 태어남을 통해 구원받게 된다. 우리는 반드시 다시 태어나야 한다. 이것이 바로 복음의 기반이다.

율법의 행위로 인한 구원과 믿음으로 인한 구원?

수년 전, 나는 한 크리스천 여성의 전화를 받은 적이 있다. 그녀는 자기 지인들인 정통 유대인들이 예수님을 믿지 않는 이상 하나님 아버지에게서 영원히 끊어진다는 생각에 심히 고통스러워하고 있었다. 그리고 그녀는 이렇게 말했다 "그들은 정말 독실해요. 그 정도 헌신이면 충분하지 않을까요?" 나는 그녀의 고통에 공감했고 지금도 그렇다. 어린 시절 나와 우리 가족을 도와주었던 독실하고 성실한 랍비 밀러, 랍비 비겔레이젠 그리고 그 외 다른 사람들이 생각나기 때문이다. 나는 그녀의 고통을 가중시키고 싶진 않았지만, 진실을 말해 줘야만 했다. 그래서 나는 그녀에게 예수님께서 "다시 태어나야 한다"라고 하신 말씀을 상기시켜 주었다. 그 당시 예수님은 정말 독실한 유대인, 랍비 니고데모에게 그렇게 말씀하셨다(요 3:7 새번역) 그리고 베드로는 오순절 날 이렇게 외쳤다.

"회개하여 각각 예수 그리스도의 이름으로 세례를 받고 죄 사함
을 받으라"(행 2:38)

마찬가지로 베드로도 굉장히 독실한 유대인 군중에게 이 말씀을 전했다.

독실한 것으로 충분한가? 정통적인 헌신과 행동만으로도 구원받기에 충분한가? 율법을 행하는 노력으로 우리가 구원받을 수 있는가? AD 70년에 일어난 제 2성전의 파괴는 이 모든 질문을 무의미하게 만든다. 이제 더 이상 율법의 상당 부분을 지킬 수 없게 되었기 때문이다. 유대 민족이 율법을 지킴으로 또는 율법을 지키려는 노력으로 구원을 받을 수 있는지 성경을 살펴보자. 바울은 한때 가말리엘의 학생이었고 자신을 히브리인 중의 히브리인이라고 말했다. 그리고 그런 바울이 갈라디아 사람들에게 "율법의 행위로써는 의롭다 함을 얻을 육체가 없다"는 사실을 상기시켜 줬다(갈 2:16). 바울은 이어서 예수님 자신도 율법 아래에서 나심으로 율법 아래에 있는 자들을 속량하셨다고 말한다(갈 4:4~5). 율법이 우리를 속량할 수 있다면, 왜 율법 아래에 있는 자들에게 율법 자체가 아닌 구속자가 필요한 것일까?

율법을 통해서 구원받을 수 있다면, 바울은 분명 그렇게 구원을 얻었을 것이다. 그는 "율법의 의로는 흠이 없는 자"였기 때문이다(빌 3:6) 하지만 바울은 하나님께서 우리를 구원하시기 위해 율법을 주신 것이 아니라, 구원자를 증거하기 위해서 주셨다고 설명한다. "이같이 율법이 우리를 그리스도께로 인도하는 초등교사가 되어 우리로 하여금 믿음으로 말미암아 의롭다 함을 얻게 하려 함이라"(갈 3:24) 사실 이 말씀은 바울이 예슈아의 말씀을 되풀이한 것이다. 예수님은 율법을 통해서 하나님과 올바른 관계를 맺으려는 유대인들에게 이렇게 설명하셨다. "너희가 성경에서 영생을 얻는 줄 생각하고 성경을 연구하거니와 이 성경이 곧 내게 대하여 증언하는 것이니라"(요 5:39)

우리는 율법, 특히 레위기에 적힌 제사들을 볼 때, 이것들을 구원을 이루기 위한 하나님의 방법으로 여기기보다는 오히려 하나님께서 전하시는 복음의 말씀으로 여겨야 한다. 하나님께서 우리에게 율법을 주신 것은 하나님과 우리 자신에 관한 진리를 이해하길 바라시기 때문이다. 하나님은 우리가 죄인임을 알길 바라신다. 그래서 우리는 우리의 죄를 위한 제사를 바쳐야 했다. 그리고 하나님은 우리가 죄로 말미암아 죽을 수밖에 없다는 것을 깨닫기 원하신다. 그래서 동물들이 죽어야만 했다. 그리고 가장 놀라운 것은 하나님께서 자비하심으로 우리를 대신할 분을 허락해 주셨다는 것이다. 생명은 생명으로 갚되, 우리가 아닌 다른 이의 죽음으로 갚으신 것이다.

우리를 대신할 생명은 흠 없는 어린 양처럼 죄가 없어야 했다. 하지만 동물은 인간의 죄를 대신 속죄할 수가 없다. 다윗왕은 이렇게 말했다. "번제와 속죄제를 요구하지 아니하신다"(시 40:6) 그리고 이어서 언젠가 메시아가 올 것이라고 말한다. "내가 왔나이다 나를 가리켜 기록한 것이 두루마리 책에 있나이다"(시 40:7) 메시아는 자신의 죄 없는 생명을 우리의 죄를 위한 제물로 바치신다. 그분은 우리의 죄를 위해 죽으시고 죽은 자 가운데서 다시 살아나셨다. 우리가 회개하고 우리의 의로운 행실을 신뢰하기보다 그분이 우리를 위해 하신 일을 신뢰한다면, 하나님은 율법의 행위가 아닌 십자가에서 행하신 일을 믿는 그 믿음으로 우리를 의롭다 하실 것이다.

제사가 전하는 가르침에 대해 이사야 선지자는 이렇게 정리했다.

> "우리는 다 양 같아서 그릇 행하여 각기 제 길로 갔거늘 여호와께서는 우리 모두의 죄악을 그에게 담당시키셨도다 그가 곤욕을 당하여 괴로울 때에도 그의 입을 열지 아니하였음이여 마치 도수장으로 끌려 가는 어린 양과 털 깎는 자 앞에서 잠잠한 양 같이 그의 입을 열지 아니하였도다"(사 53:6~7)

율법에서 속건 제물을 말할 때 사용한 히브리어 단어는 아샴(asham)이다. 이사야 선지자는 바로 이 단어를 사용해서 메시아께서 우리의 죄악을 대신 갚기 위해 치르실 희생을 설명한다.

> "그의 영혼을 속건제물(asham)로 드리기에 이르면 그가 씨를 보게 되며 그의 날은 길 것이요 나의 의로운 종이 자기 지식으로 많은 사람을 의롭게 하며 또 그들의 죄악을 친히 담당하리로다"
> (사 53:10,11)

이 율법의 제사들은 우리를 구원하지 않았다. 이것들은 단지 우리에게 구원자를 나타내 주었다. 이사야 선지자는 예슈아께서 우리의 아샴(asham) 즉 속건 제물이라는 것을 보여 주며 율법의 목적을 정리했다. 그리고 구약 시대의 마지막 선지자인 세례 요한은 우리에게 속건 제물, 아샴에 대해 아주 간단명료하게 알려 주었다. "보라 세상 죄를 지고 가는 하나님의 어린양이로다"(요 1:29)

아브라함과 모세처럼, 내 조상들이 그들의 죄를 위해 죽으시고 죽은 자 가운데서 다시 살아나실 하나님의 어린양을 믿음으로 기대했다면 그들은 구원을 받았을 것이다. 오늘날 유대인이든 아니든 우리의 죄를 위해 죽으셨고 죽은 자 가운데서 다시 살아나신 어린양을 돌아보는 사람은 구원받을 것이다. 어린양은 항상 한 분이셨다. 그리고 길도 항상 하나뿐이다. 예수님은 이렇게 말씀하셨다.

> "내가 곧 길이요 진리요 생명이니 나로 말미암지 않고는 아버지께로 올 자가 없느니라"(요 14:6)

5. "유대인은 그들이 받은 복음의 빛에 따라서만 심판받을 것이다"

나는 이런 말을 들었다.

> "하나님은 복음을 들어 본 적 없는 유대인을 절대 심판하지 않으실 것이다. 하나님은 사람들이 받은 복음의 빛에 따라서만 심판하신다."

복음을 한 번도 들어 본 적 없는 사람들이 맞게 될 영원한 최후에 대한 의문은 껄끄러운 두 가지 문제로 이어진다. 바로 책임과 심판이다. "하나님은 복음을 듣지 못한 사람을 심판하지 않으신다."라는 생각은 하나님께서 심판자이심을 상기시킨다. 그리고 "하나님은 우리가 받은 복음의 빛에 따라서만 책임을 물으신다."라는 생각은 우리가 책임을 지게 될 것을 상기시켜 준다. 우리로선 전혀 기쁘지 않은 이야기이다.

하지만 동시에 하나님께서 받은 복음의 빛에 따라서만 심판하신다는 생각은 책임에 대한 문제를 상당히 가볍게 만든다. 이 주장은 회피할 길이나 면죄부가 있음을 암시한다. 이런 생각은 아직 복음을 듣지 못한 사람들에게 위안이 되고 유대인들과 그 외 사랑하는 사람들과 친구들이 복음을 듣지 못해서 걱정하는 우리에게도 위안이 된다. 하지만 만약 하나님께서 그들이 받은 복음의 빛에 따라서만 심판하신다면, 이런 질문을 해 볼 필요가 있다.

"우리 유대인이 받은 빛은 무엇인가? 어떤 기준으로 우리는 심판받을 것인가?"

예수님은 친히 이에 대한 답을 주셨다. 하지만 안타깝게도 이해하기 쉬운 답은 아니었다. 그분은 이렇게 말씀하셨다.

> "내가 너희를 아버지께 고발할까 생각하지 말라 너희를 고발하는 이가 있으니 곧 너희가 바라는 자 모세니라 모세를 믿었더라면 또 나를 믿었으리니 이는 그가 내게 대하여 기록하였음이라"
> (요 5:45~46)

이 말씀은 전혀 위안이 되지 않는다. 오히려 우리를 불안하게 만든다. 예슈아에 따르면, 우리 유대인이 복음을 한 번도 듣지 못했을지라도, "모세가 율법에 기록하였고 여러 선지자가 기록한 그"를 찾지 못한 것에 대한 책임을 지게 될 것이다(요 1:45).

안타깝지만, 우리가 마주할 수밖에 없는 진실은 우리가 이미 빛을 받았다는 것이다. 우리 모두가 말이다. 바울은 유대인과 비유대인은 모두 불신앙에 대해 책임을 지게 될 것이라고 설명한다.

그 이유는 바로 이것이다.

> "이는 하나님을 알 만한 것이 그들 속에 보임이라 하나님께서 이를 그들에게 보이셨느니라 창세로부터 그의 보이지 아니하는 것들 곧 그의 영원하신 능력과 신성이 그가 만드신 만물에 분명히 보여 알려졌나니 그러므로 그들이 핑계하지 못할지니라"
> (롬 1:19~20)

이것은 어렵고 심각한 문제이다. 하지만 그런데도 우리는 이 문제를 가지고 씨름해야 한다. 만약 모든 인류가 하나님께서 만드신 만물이 증거하는 하나님의 속성과 능력, 신성을 실제로 이해하지 못한 것에 대한 책임을 져야 한다면, 율법과 예언서 그리고 여러 말씀을 통해 나타난 예수님의 정체성을 이해하지 못한 유대인들은 얼마나 더 큰 책임을 지게 될 것인가?

빛으로 나아옴

아이러니하게도, 유대인들은 대개 하나님께서 맡기신 말씀을 제대로 검토해 본 적이 없다. 우리 유대인은 "책의 민족"이다. 하지만 우리는 성경이 정말 전하고 있는 바에 대해서 주의 깊게 들여다본 적이 없다. 이 말은 여전히 우리가 책임은 져야 하지만, 솔직히 우리가 복음을 들었는데 거절했다고 볼 수는 없다는 것이다. 이것은 희미한 소망과 격려를 준다. 가끔 우리는 유대 성경에서 메시아를 만날 때가 있다. 빛을 보게 된 것이다. 우리는 처음엔 이 빛에 대해 놀라워한 뒤 곧 더욱 알고 싶어 하고 결국엔 자원하여 믿게 된다.

나의 동료, 줄리아는 미리암이라는 한 젊은 여성을 방문한 적이 있다.

줄리아는 이렇게 물었다. "히브리 성경을 갖고 계신가요?" 그러자 미리암은 책장에서 성경을 가져왔다. 줄리아는 "제가 무엇을 하나 보여 드릴게요."하고 이사야 53장을 펼쳤다. 이 본문은 BC 700년쯤에 적힌 예언이다. 그리고 줄리아는 다시 성경을 미리암의 손에 올려놓고 읽기를 권했다. 미리암의 눈은 말 그대로 휘둥그레졌다. 그녀 자신의 성경 속에서 우리의 죄를 위해 속죄 제물로서 죽으신 주님의 종에 대한 설명을 읽었기 때문이다.

"이분에 대해 들어본 적 있는 것 같지 않나요?"라고 줄리아가 묻자, "예수님인 것 같네요." 미리암은 성경을 쳐다보며 말했다. 그리고 다시 그 본문을 읽으면서 물었다. "왜 랍비들은 이것을 믿지 않을까요?"

"사실 그건 잘못된 질문이네요." 줄리아는 다정하게 답했다. "올바른 질문은, '왜 당신이 이것을 믿지 않을까?'예요."

미리암은 잠시 생각을 한 후 이렇게 말했다. "저는 믿어요."

이사야는 이렇게 기록했다. "일어나라 빛을 발하라 이는 네 빛이 이르렀고"(사 60:1) 때때로 우리는 사람들을 우리의 빛 되신 분을 향해 살살 밀어주기만 하면 된다.

한 번도 복음을 들은 적이 없는 사람들은 어떻게 될까?

수년 전, 로리라는 동료가 한 젊은 유대인 여성과 함께 야외 카페에 앉아 주님에 대한 말씀을 나눈 적이 있다. 로리는 그 젊은 여성인 산드라에게 히브리 성경에 있는 메시아에 대한 중요한 본문들을 보여 주었다. 그 본문들은 미가 5:2(히브리어 성경은 5:1), 시편 22편 그리고 물론 이사야 53장이었다. 그리고 산드라는 그 속에서 진리를 볼 수 있었던 것 같다. 적잖은 시간 동안 가만히 앉아 마음속으로 조용히 그 내용을 따져 보고 있었기 때문이다. 그러더니 돌연 굳은 목소리로 질문했다. "한 번도 들을 기회가 없었던 사람들은 어떻게 되나요? 그들에게도 하나님께서 책임을 물으실까요?"

로리는 질문의 요지를 다시 정확하게 짚어 주었다. "우리는 아직 복음을 듣지 못한 사람들에 관해 이야기하는 게 아니에요." 그녀는 잔잔히 말했다. "당신과 나를 이야기하고 있어요. 우리는 들었잖아요."

사실 우리는 유대인이든 아니든 복음을 이미 들었고 보았다. 다윗은 이렇게 기록했다. "하늘이 하나님의 영광을 선포하고 궁창이 그의 손으로 하신 일을 나타내는도다"(시 19:1) 우리는 피조물만으로도 창조자가 실재한다는 것을 알 수 있다. 그럼 이것만으로 우리가 하나님과 바로 설 수 있을까? 그렇지 않다. 하지만 하나님께서 실존하신다는 가장 기본적인 계시에 대해 그분을 더욱 알고 싶다는 갈망으로 반응한다면, 하나님께서는 우리에게 메시아와 복음에 대한 구체적인 계시를 허락해 주시고, 하나님께로 친히 데려다주실 것이다. "나를 찾을 것이요 나를 만나리라" 하나님은 이렇게 약속하신다.

> "너희가 온 마음으로 나를 구하면 나는 너희들을 만날 것이며"
> (렘 29:13~14)

우리는 로마 백부장, 고넬료의 삶에서 이 원칙이 실제로 이뤄지는 것을 볼 수 있다. 이 사람은 이스라엘의 집에 대해 외인이었다. 하지만 그는 하나님께서 실존하시는 것을 알았고, 하나님이 누구신지 알고 싶어 했다. 고넬료는 기도했고 선한 행실을 보였다. 하나님은 그에게 어떻게 보답하셨을까? 하나님은 이렇게 말씀하시지 않았다. "잘했다, 고넬료야. 그것으로 충분하다." 하나님을 더욱 알기 원하는 고넬료의 갈망에 보답하기 위해, 하나님은 사도 베드로를 고넬료에게 보내 복음을 전하게 하셨다.

하나님은 사도행전 8장에 나오는 에티오피아 내시에게도 동일하게 행하셨다. 주님은 제자 빌립을 부흥이 일어나던 사마리아에서 떠나게 하셨고, 그 대신 빌립을 통해 이 내시가 갖고 있던 영적인 의문을 해소해 주셨다.

주님께서 이스라엘의 하나님을 경배하고 싶어 했던 로마 백부장을 존중해 주시고 히브리 성경을 이해하고 싶어 했던 에티오피아 내시에게 응답해 주셨다면, 모세와 선지자들을 통해 찾은 소식을 마음에 품고 이 소식이 어디를 향하는지 알고 싶어 하는 이스라엘의 아들과 딸들에게는 이보다 더한 일을 행하시지 않을까?

새로운 누군가와 새로운 무언가

신명기서를 보면, 하나님께서 모세와 같은 선지자를 약속하시는 말씀을 볼 수 있다. "네 하나님 여호와께서 너희 가운데 네 형제 중에서 너를 위하여 나(모세)와 같은 선지자 하나를 일으키시리니 너희는 그의 말을 들을지니라"(신 18:15) 하나님은 모세와 같은 선지자를 일으키실 뿐만 아니라 모세가 맺은 언약을 뛰어넘는 새로운 언약을 맺으실 것이라고 말씀하신다. "여호와의 말씀이니라 보라 날이 이르리니 내가 이스라엘 집과 유다 집에 새 언약을 맺으리라 이 언약은 내가 그들의 조상들의 손을 잡고 애굽 땅에서 인도하여 내던 날에 맺은 것과 같지 아니할 것은"(렘 31:31:~32) 하나님께서 이스라엘을 애굽 땅에서 인도하여 내던 날에 맺은 언약과 새 언약 사이에는 어떤 차이가 있고, 새 언약이 이룬 최고의 성과는 무엇일까? 하나님께서는 새 언약 안에서 "내가 그들의 악행을 사하고 다시는 그 죄를 기억하지 아니하리라"고 말씀하셨다(렘 31:34)

모세와 선지자들은 우리에게 새로운 누군가를 기대하고 새로운 무언가를 기다리라고 알려 주었다. 우리가 모세와 선지자들에게 좀 더 주의를 기울였다면, 그 새로운 누군가와 새로운 무언가를 기대하고 있었을 것이다. 하지만 슬프게도, 우리 중 많은 사람이 기대하지 못했고 지금도 여전히 기대하지 않고 있다. 내시의 수레에 올랐던 빌립처럼 우리의 수레에 올라 "읽는 것을 깨닫느냐?"라고 물어 주는 사람이나 베드로처럼 설명해 줄 사람을 만나지 못했기 때문이다.

암흑 같은 나날 속에서도

하나님께서 빛을 비추지 못하시는 곳은 어디에도 없다. 그리 오래되지 않은 과거의 암흑 같은 나날들, 즉 우리 유대인이 600만 명이나 죽은 홀로코스트 즉 쇼아(Shoah-히브리어로 '재앙'을 뜻함) 속에서도 말이다. 정확한 수치는 알 수 없지만, 어떤 이들은 6만 명의 예수님을 믿는 유대인들이 다른 유대인들과 함께 죽음의 수용소로 끌려갔다고 추정한다. 그리고 수천 명의 이방인 크리스천들이 유대인의 환난 가운데 함께했고, 수용소에서 함께 죽어 갔다. 이런 믿는 유대인들과 이방 크리스천 중 일부라도 목소리를 냈다면, 엄청난 복음의 간증이 아우슈비츠와 트레블링카, 소비보와 같은 수용소들 안에서 일어났을 것이다. 만약 그들이 침묵하지 않았다면, 다른 사람들에게도 복음을 들을 기회가 있었을 것이다.

하나님의 빛으로 꿰뚫지 못하시는 영적 블랙홀은 없다. 문제는 그분의 빛을 받길 거부하는 우리의 믿지 못하는 마음에 있다. 또한, 어둠 속에서 탈출할 길을 찾고 있는 사람들에게 그분의 빛을 전해 주길 거부하는 성도들에게 문제가 있는 것이다.

우리는 물론 우리가 받은 빛에 따라 심판을 받을 것이다. 그리고 하나님의 은혜와 뜻 안에서 빛은 아주 밝게 빛나고 있다. 하지만 "받은 빛에 따라서만" 심판받는다는 사실은 유대 민족이나 다른 누구에게도 면죄부가 되지 않는다. 먼저 믿는 자들이 구원받지 못한 가족들과 친구들을 품어야 한다는 것이다.

우리 유대인에게는 생명의 빛이 이미 임한 것을 알려 줄 사람이 필요하다. 우리는 빌립처럼 수레에 올라 우리가 읽는 것을 이해하는지 물어봐 줄 사람이 필요하다. 우리는 베드로처럼 문화적 한계를 넘어 우리에게 부족한 정보를 알려 줄 사람이 필요하다. 우리는 이 말을 해 줄 사람이 필요하다.

"야곱 족속아 오라 우리가 여호와의 빛에 행하자"(사 2:5)

6. "유일한 그러나 익명의 구원자"

나는 이런 말을 들었다.

> "유대 민족은 구원받기 위해 구원자의 정체성을 당장 알 필요가 없다. 예수님은 유일한 구원자이시다. 그리고 그 이름 이외에 구원받을 다른 이름은 없다. 하지만 유대 민족은 이 사실을 지금 당장 알 필요가 없다. 그들이 예수님을 직접 대면하는 때가 오면, 그분이 누구이시고 그들을 위해 무엇을 하셨는지 알게 될 것이다."

예수님이 우리 유대인에게 익명의 구원자가 될 수 있다는 주장에는 수많은 문제가 있다. 가장 확실한 문제는 성경의 가르침과 명백히 반대된다는 것이다. 요한복음의 첫 장을 보면, 예수님을 영접한 유대인들과 그렇지 않은 자들이 뚜렷하게 구분된다. "자기 땅에 오매 자기 백성이 영접하지 아니하였으나 영접하는 자 곧 그 이름을 믿는 자들에게는 하나님의 자녀가 되는 권세를 주셨으니"(요 1:11~12) 예수님의 이름을 믿는 것은 당연히 그분이 누구신지 아는 것을 포함한다. 예수님을 알고 그분의 이름을 믿는 유대인들이 하나님의 자녀가 되는 것이다. 요한복음을 이어서 보면, 예수아께서 바리새인들에게 이렇게 말씀하신다. "너희는 나를 알지 못하고 내 아버지도 알지 못하는도다 나를 알았더라면 내 아버지도 알았으리라"(요 8:19) 다시 말하자면, 바리새인들이 아버지를 알기 위해서는 그 아들이 누구신가에 대해 알아야 했던 것이다. 우리 조상에게 해당한 이 사실은 오늘날 우리에게도 해당한다. 유대인을 위한 익명의 구원자에 대한 생각은 이런 의문을 갖게 한다. "꼭 예수님이 누구인지 알아야 구원받을 수 있을까?" 만약 예수님이 유대 민족을 위한 익명의 구원자가 될 수 있다면, 열방을 위한 익명의 구원자가 될 수 없단 법이 있는가? 결국 이 추론 과정은 이런 결론을 내리게 한다. 그 누구도 복음을 전파할 필요가 없고 복음을 들을 필요도 없다. 그리고 그 누구도 구원받기 위해 그분의 이름을 믿을 필요가 없다.

신학교에서 있었던 일

1980년대 초, 나는 쥬스 포 지저스(Jews for Jesus)의 창립자, 모이셰 로젠과 함께 미국의 한 신학교 총장을 만났다. 방문에 앞서 모이셰는 이 신학교 총장이 예슈아만이 유일한 구원의 길이라는 것에 대한 믿음이 약하다는 말을 들었다. 하지만 모이셰는 소문을 믿기보다 직접 총장을 만나 스스로 알아보기로 했고, 나에게 함께 가자고 부탁했다. 우리는 총장실에 앉아 커피를 마시면서 비서가 준비해 준 비스킷을 먹었다. 동역자 간의 예의를 지키면서, 총장은 우리의 선교 사역에 관해 물었다. 모이셰는 간단히 근황을 전해 준 뒤, 신학교 일은 어떻게 되어 가고 있는지 물었다. 그리고 이어서 자연스럽게 이런 질문을 던졌다. "예수님께서 유대인에게나 비유대인에게나 똑같이 유일한 구원자이심을 믿으시나요?" 총장은 마치 이 질문을 예상한 마냥, 한 치의 망설임 없이 이렇게 답했다. "물론이죠." 이 답변으로 문제는 해결된 듯했다. 그리고 나는 이제 다른 이야기도 나누길 바랐다. 커피가 맛있어서 한 잔 더 마시고 싶었기 때문이다. 그런데 모이셰는 내가 전혀 생각지 못한 질문을 했다. "그럼 유대인이 자신을 구원하시는 분은 예수님이라는 사실을 알아야 한다고 믿으시나요?" 총장은 멈칫거리며 말했다. "글쎄요. 답하기 어려운 질문이네요." 이렇게 소문은 사실로 판명되었지만, 커피를 한 잔 더 마실 시간은 있었다.

하나님을 개인적으로 알도록 창조되다

하나님께서 익명의 구원자로서 만족하신다는 생각은 성경에서 가르치는 하나님의 성품과 행실과 전부 반대된다. 하나님은 우리를 창조하심으로 우리가 하나님과의 친밀한 관계를 누릴 수 있도록 하셨다. 하나님은 우리가 반항할 때 교정해 주신다. 하나님은 우리가 방황할 때 찾아와 주신다. 하나님은 선지자들의 목소리를 통해 우리를 향해 돌아오라고 계속해서 외치신다. 궁극적으로 하나님은 독생자 아들을 보내어 자신을 완전히 드러내셨고, 우리를 하나님께 다시 돌아오게 하셨다. 만약 하나님께서 익명의 상태로 만족하신다면 왜 굳이 이 모든 일을 행하셨을까? 우리는 여러 번 모세와 선지자들을 통해 하나님의 명백한 선언을 보게 된다. 하나님은 우리에게 그분이 역사하셨고 역사하실 것이라고 말씀한다. 그래서 우리가 "여호와인 줄을 알도록" 하시는 것이다(출 6:7, 신 29:6, 사 49:23, 겔 6:7) 계시라는 단어도 성경의 하나님께서 자신을 비밀 속에 감추는 분이 아니라 하나님이 누구이시고 무엇을 행하시는지, 그리고 우리가 구원받기 위해서 무엇을 알아야 하는지를 밝히 보이시는 분이라는 것을 상기시켜 준다.

당연히 우리는 하나님에 대해 모든 것을 알고 이해할 순 없다. 그분은 한계가 없으신 창조주이시고 우리는 한계가 있는 피조물이기 때문이다. 그분은 거룩하고 완전하시고 우리는 깨지고 부패했기 때문이다. 하지만 그렇다고 해서 이 사실이 변하는 것은 아니다. 곧 하나님께서 우리에게 친밀한 관계 안에서 그분을 구하고 찾고 깨달으라고 명령하실 뿐만 아니라 심지어 간청하신다는 것이다.

"나는 감추어진 곳과 캄캄한 땅에서 말하지 아니하였으며 야곱 자손에게 너희가 나를 혼돈 중에서 찾으라고 이르지 아니하였노

라"(사 45:19)

"너희는 여호와를 만날 만한 때에 찾으라 가까이 계실 때에 그를 부르라"(사 55:6)

"너희가 온 마음으로 나를 구하면 나를 찾을 것이요 나를 만나리라 나는 너희들을 만날 것이며"(렘 29:13,14)

이것들은 이름을 숨기거나 알리지 않는 것에 만족한다는 하나님께서 하실 법한 말씀이 아니다. 오히려 사랑받길 원하시고 알려지길 원하시는 하나님께서 전하시는 말씀이다.

가장 중요한 계명의 성취

마가복음을 보면, 한 서기관이 예슈아를 만나 이렇게 질문한다. "모든 계명 중에 첫째가 무엇이니이까"(막 12:28) 예슈아는 이 질문에 유대인들 대부분이 어렸을 때 가장 처음 배우는 말씀이자 죽기 전 의식이 있을 때 내뱉는 마지막 말씀을 인용해 대답하셨다.

"이스라엘아 들으라 우리 하나님 여호와는 오직 유일한 여호와이시니 너는 마음을 다하고 뜻을 다하고 힘을 다하여 네 하나님 여호와를 사랑하라"(신 6:4~5)

예슈아의 대답은 몇 가지 어려운 질문들을 꺼내게 만든다. 만약 가장 중요한 계명이 주님을 온 맘으로 사랑하는 것이라면, 우리가 그분이 누구신지도 모르는데 사랑할 수 있을까? 이름을 알 수 없는 주님을 사랑할 수 있을까? 우리를 위한 주님의 행실이 전혀 알려지지 않았는데도 그분을 사랑할 수 있을까?

모세와 같은 선지자를 바라보다

앞서 말한 것처럼, 신명기 18장을 보면, 하나님께서 보낸다고 약속하시고 우리에게 바라보라고 명하신 모세와 같은 선지자에 대해 나온다.

> 내가 그들의 형제 중에서 너(모세)와 같은 선지자 하나를 그들을 위하여 일으키고 내 말을 그 입에 두리니… 누구든지 내 이름으로 전하는 내 말을 듣지 아니하는 자는 내게 벌을 받을 것이요.(신 18:18~19)

예슈아를 믿는 자들로서 우리는 이 모세와 같은 선지자가 예수님인 것을 안다(행 3:22,7:37). 예수님이 바로 하나님께서 보낸다고 약속하신 분이고, 우리에게 바라보라고 명하신 분이다. 하지만 예수님을 모른다면 어떻게 그분을 바라볼 수 있을까? 그분이 무엇을 전하셨는지 모르는데 어떻게 그분의 말씀을 듣고 그분의 음성에 순종할 수 있을까?

우리의 구속자와 주님을 섬기기 위해 구원받다

예슈아는 우리의 구원자이실 뿐만 아니라 우리의 구속자이시고 주님이시다.

> "이스라엘의 왕인 여호와, 이스라엘의 구원자인 만군의 여호와가 이같이 말하노라… 나 여호와는 네 구원자, 네 구속자, 야곱의 전능자인 줄 알리라"(사 44:6, 60:16)

익명의 구원자는 저 멀리서 이름 없는 은인으로서 만족하고, 구원한 사람들에게 별다른 기대를 하지 않을 수 있다. 하지만 구속자이자 주님은 많은 것을 요구하시고 기대하신다. "구속"이라는 단어는 구속받은 개개인 모두가 거래를 통해 값으로 산 것이 되었음을 말한다. 이

개개인은 자유의 몸이 아니다. 그들은 소유된 자들이다. 그래서 계약상과 언약상의 관계에는 의무가 따른다. 구속자는 구속된 자들이 그분의 약속과 요구를 알기 원하신다. 그와 동일하게 "주님"이라는 명칭은 주인과 종 사이의 관계를 말한다. 이 관계에서는 주님께서 값으로 사신 자가 주님의 말씀에 순종하고 그분의 뜻을 이루어야 한다. 하지만 우리가 예수님이 누구이시고 우리에게 무엇을 원하시는지 모른다면, 어떻게 우리의 구속자가 요구하시는 바를 알고 우리 주님의 뜻을 이룰 수 있을까?

알지 못하는 신을 향한 무지한 예배

사도행전 17장에서 사도 바울은 아덴 사람들이 알지 못하는 신에게 바치는 경배에 대해 지적한다.

> "아덴 사람들아 너희를 보니 범사에 종교심이 많도다 내가 두루 다니며 너희가 위하는 것들을 보다가 알지 못하는 신에게라고 새긴 단도 보았으니 그런즉 너희가 알지 못하고 위하는 그것을 내가 너희에게 알게 하리라"(행 17:22~23)

이렇게 하나님께서 이방 민족들에게 알려지길 원하시는데, 어떻게 친히 선택하신 유대 민족에게는 알려지지 않아도 신경 쓰시지 않는다고 생각할 수 있을까? 그렇지 않다. 하나님께서는 신경 쓰신다. 그리고 하나님은 우리가 그분이 누구이신지 정확하게 알길 원하시고 이를 통해 우리가 온 맘과 뜻과 힘을 다하여 그분을 사랑하고 섬기길 원하신다. "나 여호와는 네 구원자, 네 구속자, 야곱의 전능자인 줄 알리라"(사 60:16)

7. "유대 민족은 완고하고, 눈이 멀었고, 수건이 덮여 진리를 볼 수 없으므로 믿음을 가질 수가 없다"

나는 이런 말을 들었다.

> "지금 현재로서는 유대 민족을 전도하려고 노력해 봐야 소용없다. 그들의 생각과 마음에는 수건이 덮여 있기 때문이다."

크리스천들은 이런 오해를 하고 있다. 유대 민족은 눈에 수건이 덮였기 때문에 현재로서는 예수님에 대한 진리를 볼 수 없다는 것이다. 이 주장에 따르면, 우리 유대인은 너무 완고하므로 예수님을 믿지 못하는 것이다. 적어도 아직은, 지금은 말이다. 지금 이때는 이방인이 듣고 믿는 이방인의 때인 것이다. 하지만 이방인의 때가 가득 차면, 수건이 벗겨질 것이고 유대인의 완고함이 사라질 것이다. 그리고 그제야 유대 민족은 예수님을 믿을 수 있게 되는 것이다.

하지만 이것이 옳은 주장인가? 바울은 이 "수건"에 대해 정확히 어떻게 말하고 있을까?

> "그러나 그들의 마음이 완고하여 오늘까지도 구약을 읽을 때에 그 수건이 벗겨지지 아니하고 있으니 그 수건은 그리스도 안에서 없어질 것이라 오늘까지 모세의 글을 읽을 때에 수건이 그 마음을 덮었도다 그러나 언제든지 주께로 돌아가면 그 수건이 벗겨지리라"(고후 3:14~16)

언뜻 보기에는, 바울이 유대인은 수건으로 인해 복음을 이해하지 못하고 믿음을 갖지 못한다고 말하는 것처럼 보인다. 하지만 이것이 정말 사도 바울이 말하는 바인가? 다행히도 그렇지 않다! 이 구절들에 따르면, 바울은 우리가 수건으로 인해 복음을 이해하지 못하는 것이 아니라, 모세의 글을 이해하지 못한다고 말한다. "오늘까지도 구약을 읽을 때 그 수건이 벗겨지지 아니하고 있으니… 오늘까지 모세의 글을 읽을 때 수건이 그 마음을 덮었도다"

우리의 생각과 마음에 수건이 덮여서 복음을 이해하지 못하는 것이 아니다. 그보다는 모세의 말씀을 이해하지 못하는 것이다. 특히 예슈아에 대한 모세의 말씀을 말이다. 그러니 유대인이 회당에서 안식일마다 모세와 선지자들의 말씀을 주 단위로 나눠 읽고 있어도 그 말씀에 나타난 예수님에 대해서 깨닫지는 못하는 것이다. 바울은 위의 구절에서 이렇게 말한다. "그 수건은 그리스도 안에서 없어질 것이라."

바울의 말은 유대 민족에게 복음이 주어지면 주님께로 돌아갈 수 있다는 것을 암시한다. 그리고 우리가 복음을 믿기 시작하면 수건이 벗겨지고 구약을 제대로 이해할 수 있게 된다.

전부가 아닌 일부가 완고하다

이스라엘의 완고함에 대해 살펴보면, 바울은 정말 이스라엘이 완고하므로 현재는 믿음을 가질 수 없다고 말했을까? 완고한 자들에 대한 바울의 모든 말씀을 고려하지 않는 이상 우리는 잘못된 결론에 달할 수 있다. 로마서 11:25을 보면, 바울은 완고한 자들에 대해 이렇게 말한다. "이방인의 충만한 수가 들어오기까지 이스라엘의 더러는 우둔하게 된 것이라"(롬 11:25)

바울의 의도를 이해할 수 있는 가장 결정적인 단어는 '더러'이다. 바울은 현재 이스라엘이 너무 완고해서 믿음을 갖지 못할 정도라고 말하지 않는다. 또한 이스라엘의 마음이 완고함으로 인해, 지금은 복음이 이방인에게만 전해져야 한다고 말하지 않는다. 그보다는 이스라엘 일부가 완고하게 되었다고 말한다. 일부 즉 전부가 아닌 것이다. 이 말은 대다수의 많은 유대인이 현재 완고함으로 인해 믿음을 가질 수 없지만, 복음을 듣고 반응할 기회가 주어진다면, 나머지의 많은 유대인은 믿음을 갖게 되리라는 것이다.

이방인의 때가 유대인을 제외하는 것은 아니다

그렇다면 이 "이방인의 때"는 무엇일까? "이방인의 때"란 정말 오직 이방인만을 위한 때인 걸까? 물론 그렇지 않다. 그랬다면 바울은 동족 유대인에게 복음을 전하는 일에 그렇게까지 많은 시간을 쏟지 않았을 것이다. 바울은 이방인의 때에도 동족 유대인 가운데 복음을 믿을 준비가 된 자들이 언제나 많다는 것을 알았다. 바울은 믿음을 가진 신실한 자들이 항상 남아 있다는 것을 알았다. 이 남은 자들은 엘리야의 때에도 있었고, 바울의 때에도 있었으며, 오늘날에도 있다. 이 말에는 확실한 증거가 있다. 바로 이 시대의 남은 자 중 한 명인 내가 이 말을 지금 당신에게 전하고 있기 때문이다.

이방인의 때가 충만해져 가면서 더욱 많은 유대인이 믿음을 갖게 될 테지만, 지금 이 시간에도 하나님의 은혜로운 택하심을 통해 복음을 듣고 믿을 준비가 된 남은 자가 존재한다.

8. "온 이스라엘은 구원받을 것이다…
   언젠가는"

나는 이런 말을 들었다.

> "유대인 복음 전도는 시기상조다. 어차피 모든 유대인은 주님이 돌아오실 때 구원받을 것이기 때문이다. 그래서 바울도 "온 이스라엘이 구원을 받으리라"고 장담했다(롬 11:26). 그리고 스가랴 12:10을 보면, 주님이 다시 돌아오신 후 유대 민족이 그들이 찌른 주님을 바라보고 민족적 회개가 일어날 것을 알 수 있다. 이 민족적 회개는 그때 있을 유대인만을 포함하는 것이 아니다. '온 이스라엘'이라는 말은 과거와 현재 그리고 살아 있거나 이미 죽은 모든 유대 민족을 뜻하는 것이다. 그리고 이 일은 예수님이 다시 돌아오신 후에 일어날 것이다."

바울은 물론 우리에게 "온 이스라엘이 구원을 받으리라"고 말했다(롬 11:26). 이에 대해서는 의심할 여지가 없다. 하지만 동시에 바울은 어떻게 온 이스라엘이 구원을 받게 될 것인지도 말해 주었다. 바로 주님의 이름을 부르는 것이다. 바울은 오로지 주님의 이름을 부르는 것만이 구원에 대한 절대적인 진리임을 설명해 준다. "유대인이나 헬라인이나 차별이 없음이라 한 분이신 주께서 모든 사람의 주가 되사 그를 부르는 모든 사람에게 부요하시도다 누구든지 주의 이름을 부르는 자는 구원을 받으리라"(롬 10:12~13)

바울은 주님이 모든 사람의 주가 되심을 이야기한 뒤 바로 이어서 구원은 주의 이름을 부르는 자들에게만 주어진다고 말한다. 그리고 연이어 바울은 어려운 질문을 던진다. "그런즉 그들이 믿지 아니하는 이를 어찌 부르리요 듣지도 못한 이를 어찌 믿으리요 전파하는 자가 없이 어찌 들으리요"(롬 10:14)

그래서 유대인과 이방인, 모든 사람이 주님을 믿기 위해선 먼저 들어야 하고, 부르기 위해선 먼저 믿어야 하고, 구원받기 위해선 먼저 주님의 이름을 불러야 한다. 그리고 이런 일들이 일어나기 위해선, 누군가가 복음을 전해야만 한다. 이방인에게만이 아니라 유대인에게도 말이다. 그래서 바울은 이어서 이런 질문을 던진 것이다. "보내심을 받지 아니하였으면 어찌 전파하리요 기록된 바 아름답도다 좋은 소식을 전하는 자들의 발이여 함과 같으니라"(롬 10:15)

로마서 11:26에서는 온 이스라엘이 구원받는다는 사실을 알려 주지만, 로마서 10:12~15에서는 온 이스라엘이 구원받을 방법을 알려 준다. 이 방법은 곧 복음의 말씀을 듣고, 회개함으로 믿음에 이르고, 주님의 이름을 부르는 것이다.

온 이스라엘이 구원받는다는 로마서 11장의 말씀은 우리에게 위안을 준다. 하지만 로마서 10장의 말씀은 우리에게 사명을 준다. 우리는 유대 민족에게 예수님에 대해 전하고 그들이 예수님을 믿고 그 분의 이름을 불러서 구원받도록 해야 한다. 비록 감당하기 어려운 사명이지만, 기꺼이 그 길을 나아가길 원하는 사람들을 위해 바울은 기쁜 말씀을 전하며 이 구절을 마무리한다. "아름답도다 좋은 소식을 전하는 자들의 발이여 함과 같으니라"(롬 10:15)

왜 그렇게 서둘러?

어차피 모든 유대인이 구원받을 거라면, 지금은 유대인을 신경 쓰지 않아도 되지 않나? 그들이 예수님을 바라볼 날이 오면 알아서 그분을 부르지 않을까? 그리고 예수님이 돌아오시면 그들은 자연적으로 그분을 바라보지 않을까?

나는 아론(가명)이라는 아주 좋은 유대인 남성을 알고 있다. 이 책을 쓰고 있을 때, 아론은 90대였는데, 그는 여전히 맑은 정신을 갖고 있었고 재치가 넘쳤다. 그러나 그는 예수님을 믿지 않았다. 내가 그에게 안부를 물을 때마다, 그는 웃으며 이렇게 말한다. "글쎄, 나는 이렇게 늙었지만 죽는 것보다는 살아 있는 게 낫지."

어떤 크리스천들은 아론의 말에 동의하지 않을 것이다. 그들은 아론이 주님을 믿게 되든지 말든지 그리고 예수님의 재림 때까지 살아 있든지 죽었든지, 아론은 아무것도 두려워할 필요가 없다고 주장한다. "아론은 예수님이 돌아오실 때 그분을 바라보고 믿게 될 거예요. 만약 예수님을 믿지 않고 죽는다 해도 아론은 죽음 후에 구원을 받을 거예요."

하지만 바울은 "온 이스라엘이 구원을 받으리라"는 말씀을 정말 이런 뜻으로 말한 걸까? 그리고 스가랴 선지자가 "그들이 그 찌른 바 그를 바라보고"라는 말씀을 선포했을 때 정말 이런 뜻으로 예언한 것일까?

재림 전의 회개

스가랴 12:10은 실제로 어떤 의미일까?

> "내가 다윗의 집과 예루살렘 주민에게 은총과 간구하는 심령을 부어 주리니 그들이 그 찌른 바 그를 바라보고 그를 위하여 애통하기를 독자를 위하여 애통하듯 하며 그를 위하여 통곡하기를 장자를 위하여 통곡하듯 하리로다"(슥12:10)

나는 "그를 바라보고"라는 구절은 분명히 예수님이 돌아오신 후 유대인들이 그분을 보게 된다는 뜻이라고 들었다. 또한, 그때야말로 우리 유대인 모두가 회개하는 순간이라고 말이다. 그런데 이 주장이 잘못되었음을 증명하는 최소 세 가지 이유가 있다. 우선 가장 중요한 이유는, 스가랴서의 이 말씀은 전혀 그렇게 말씀하고 있지 않다는 것이다.

스가랴 12:10은 하나님께서 먼저 두 가지 심령을 우리 유대인에게 부어 주신다고 말한다. 곧 은총과 간구하는 심령이다. 이 말씀에 따라 주님은 하나님의 영을 통해 먼저 은총을 부어 주실 텐데, 이 은총은 우리가 주님을 믿고 구원받을 수 있도록 해 준다. 그리고 주님은 이 은총을 통해 우리가 간구하도록 하실 텐데, 이는 곧 우리가 회개하도록 하시는 것이다. 이렇게 오직 간구와 회개를 한 후에만, 우리는 우리가 찌른 주님을 보게 될 것이다. 이것이 바로 이 말씀이 의미하는 바이다. 그리고 이것이 이 구절 속 말씀의 순서가 의미하는 바이다.

다시 정리하자면, 이 말씀은 예수님이 돌아오신 후 우리가 찌른 그분을 바라보고 회개할 것이라고 말하는 게 아니다. 그것보다는 이 말씀에서 보이는 특정한 순서를 통해 오직 우리가 간구하고 회개한 후에만 우리가 그분을 바라보게 될 것이라고 말하는 것이다.

그리고 예수님도 정확하게 이렇게 될 것이라고 말씀하시지 않았는가? "내가 너희에게 이르노니 이제부터 너희는 찬송하리로다 주의 이름으로 오시는 이여 할 때까지 나를 보지 못하리라 하시니라"(마 23:39) 예슈아의 초림 수 세기 전, 하나님의 영은 호세아 선지자를 통해 동일한 순서의 사건들을 예언해 주셨다. "그들이 그 죄를 뉘우치고 내 얼굴을 구하기까지 내가 내 곳으로 돌아가리라 그들이 고난 받을 때에 나를 간절히 구하리라"(호 5:15)

예수님은 우리가 그분을 주의 이름으로 오시는 이로 인정한 후에만 돌아오실 것이다. 그리고 우리가 간구하고 우리가 찌른 그분을 거절한 것에 대해 회개한 후에만 돌아오실 것이다.

하지만 우리가 그분을 거절한 것에 대해 회개하기 위해서는, 그분이 우리를 위해 무엇을 하셨는지 들어야만 한다. 우리는 복음의 말씀을 들어야만 한다.

스가랴 12:10의 말씀은 유대 민족에게 복음을 전하는 일을 지연시키거나 외면하도록 허락하지 않는다. 이 구절의 말씀은 오히려 우리가 이 예언이 성취될 날을 기대하며, 우리 유대인 친구들과 친척들에게 복음을 더욱 열렬히 전하도록 격려한다.

예수님과 제자들의 절박함

스가랴 12:10이 오늘날 유대인 복음 전도를 지연시키거나 외면하도록 허락한다는 주장에 대항하는 두 번째 이유는 이것이다. 주님과 사도들 중 그 누구도 이런 잘못된 견해를 갖고 있지 않았다는 것이다. 오히려 그들은 그 당시 유대인 복음 전도가 굉장히 당연한 일이라고 믿었다. 이것을 어떻게 알 수 있을까? 만약 그들이 스가랴 12:10이 유대인 복음 전도를 지연시키거나 외면하도록 허락한다고 믿었다면, 예슈아나 첫 제자들은 그렇게 많은 시간과 힘, 그리고 진심 어린 열정을 가지고 그 당시 유대 민족을 전도하지 않았을 것이다.

두 번째 기회?

마지막으로 우리는 스스로 물어봐야 한다. "지금 현재 살고 있는 유대 민족은 민족적 회개가 일어나는 그때까지 살아 있지 않을 텐데 어떡하지? 내 친구 아론은 주님이 조만간 오시지 않는 이상 주님의 재림을 보지 못할 텐데 어떡하지? 아론을 포함한 모든 유대인은 지금 당장 믿지 않아도 되는 걸까? 그들은 예슈아가 돌아오시는 날 두 번째 기회를 받게 되는 걸까? 그들은 죽은 후에도 회개할 수 있는 또 다른 기회가 있는 걸까? 성경에 따르면 그렇지 않다. 성령은 히브리서 기자를 통해 유대 민족에게 이렇게 말씀했다. "한 번 죽는 것은 사람에게 정해진 것이요 그 후에는 심판이 있으리니"(히 9:27) 그리고 다니엘 선지자를 통해 이렇게 선포했다. "땅의 티끌 가운데에서 자는 자 중에서 많은 사람이 깨어나 영생을 받는 자도 있겠고 수치를 당하여서 영원히 부끄러움을 당할 자도 있을 것이며"(단 12:2) 유대인들에게 두 번째 기회란 없다. 그 누구든지 죽은 후에는 기회가 없다.

온 이스라엘이 구원받을까?

그런데 바울은 성령의 감동을 통해 온 이스라엘이 구원받으리라 장담하지 않았는가? 그렇다. 그는 장담했다. 하지만 "온 이스라엘"은 살아 있거나 죽었거나 과거나 현재의 모든 유대인을 나타내는 것이 아니다. "온 이스라엘이 구원을 받으리라"는 바울의 말을 온전히 이해하려면, 굉장히 비극적이고 두려운 성경적 진리를 받아들여야만 한다. "온 이스라엘"은 유대 민족이 맞이할 가장 두려운 때에서 살아남는 삼분의 일의 유대인을 나타낸다.

> "여호와가 말하노라 이 온 땅에서 삼분의 이는 멸망하고 삼분의 일은 거기 남으리니 내가 그 삼분의 일을 불 가운데에 던져 은 같이 연단하며 금 같이 시험할 것이라 그들이 내 이름을 부르리니 내가 들을 것이며 나는 말하기를 이는 내 백성이라 할 것이요 그들은 말하기를 여호와는 내 하나님이시라 하리라"(슥 13:8~9)

홀로코스트의 악몽보다 더욱 심한 재앙이 이 민족을 기다리고 있다는 것은 상상만으로도 고통스럽다. 그런데도 하나님은 스가랴를 통해 이 일을 우리에게 말씀하고 계신다. 우리의 원수로 인해 우리 중 삼분의 이가 멸망할 것이다. 하지만 남아 있는 삼분의 일은 구속받을 것이고, 그렇게 온 이스라엘이 구원받을 것이다.

주님이 돌아오실 때, 그분이 지키시는 이스라엘은 이미 회개했고 또 이미 영적으로 구속받은 이스라엘일 것이다. 주님은 우리가 회개했고 우리가 찌른 분을 바라보았기 때문에 우리를 구원하실 것이다. 그날에 있을 우리 민족의 구원과 씻음받음은 정말 놀라울 것이다.

> "그 날에 생수가 예루살렘에서 솟아나서… 여호와께서 천하의 왕이 되시리니 그 날에는 여호와께서 홀로 한 분이실 것이요 그의 이름이 홀로 하나이실 것이라… 예루살렘을 치러 왔던 이방 나라들 중에 남은 자가 해마다 올라와서 그 왕 만군의 여호와께 경배하며 초막절을 지킬 것이라"(슥 14:8, 9, 16)

누군가에게는 기쁨의 날, 누군가에게는 심판의 날

주님을 알고 사랑하는 자들은 예수님의 재림을 간절히 바란다. 우리에게는 그날이 바로 기쁨의 날일 것이다. 그래서 어쩌면 이 사실을 잊어버리기 쉽다. 주님의 재림 이전에 그분을 믿지 못한 사람들에게는, 그분이 재림하시는 날이 기쁨의 날이 아니라, 심판과 엄청난 고통의 때일 것이다. 예수님이 다시 오시면, 그분은 두렵고 무서운 주님의 때로 인도하실 것이다. 이 사건에 대한 설명은 선지자들이 그랬던 것처럼, 우리를 심히 고통스럽게 만든다. 주님이 재림하실 때 믿지 않는 사람들이 드러날 것이기 때문이다.

> "슬프다 그 날이여 여호와의 날이 가까웠나니 곧 멸망 같이 전능자에게로부터 이르리로다… 시온에서 나팔을 불며 나의 거룩한 산에서 경고의 소리를 질러 이 땅 주민들로 다 떨게 할지니 이는 여호와의 날이 이르게 됨이니라 이제 임박하였으니 곧 어둡고 캄캄한 날이요 짙은 구름이 덮인 날이라"(욜 1:15, 2:1~2)

"너희는 애곡할지어다 여호와의 날이 가까웠으니 전능자에게서 멸망이 임할 것임이로다 그러므로 모든 손의 힘이 풀리고 각 사람의 마음이 녹을 것이라 그들이 놀라며 괴로움과 슬픔에 사로잡혀 해산이 임박한 여자 같이 고통하며 서로 보고 놀라며 얼굴이 불꽃 같으리로다 보라 여호와의 날 곧 잔혹히 분냄과 맹렬히 노하는 날이 이르러 땅을 황폐하게 하며 그 중에서 죄인들을 멸하리니"(사 13:6~9)

복음을 듣지 못했거나 믿기를 거부한 사람들에게는 이날이 구원의 날이 아닐 것이다. 대신 심판의 날이 될 것이다. 예수님은 아직 믿지 않은 자들을 구원하기 위해 다시 오시는 것이 아니다. 그분은 심판하기 위해 다시 오신다. 그리고 그분은 유다의 사자로 다시 오신다.

내 친구 스티브 코헨과 함께 스티브의 어린 시절 지인인 한 랍비를 찾아간 적이 있다. 그 랍비는 상냥하게 우리를 맞이해 주었고, 스티브가 전하는 말을 정중히 들어 주었다. 스티브가 말을 마치자 그 랍비는 점잖게 어깨를 으쓱하고는 이렇게 일축했다. "메시아가 오실 때, 당신이 말하는 예수가 메시아로 나타나면, 그때 믿을게요." 스티브는 다정하지만 간절한 목소리로 대답했다. "예수님이 다시 오시면, 그땐 너무 늦어요."

그렇다. 예수님이 다시 오시면, 모든 무릎이 꿇어지고 모든 혀가 예슈아가 주님이심을 자백할 것이다. 그 날에 싸움이 승리로 끝날 것이고, 모두가 예수님이 주님이시라는 부인할 수 없는 사실을 인정하게 될 것이다. 누군가는 확실한 멸망에서 구원받아 환호 섞인 목소리로 진리를 선포할 것이다. 하지만 다른 누군가는 믿지 못함으로 인해 사무치게 아픈 고통 속에서 예수님이 주님이심을 인정하게 될 것이다. 많은 이가 축복과 즐거운 경배로 무릎을 꿇을 때 다른 이들은 완패한 적으로서 무릎을 꿇을 것이다.

아직은 주님의 날이 아니다. 오늘은 아직 구원의 날이다. 그리고 유대인과 비유대인, 모든 이에게 복음을 전하는 일은 결코 지연되어서는 안 된다.

> "알지 못하던 시대에는 하나님이 간과하셨거니와 이제는 어디든지 사람에게 다 명하사 회개하라 하셨으니 이는 정하신 사람으로 하여금 천하를 공의로 심판할 날을 작정하시고 이에 그를 죽은 자 가운데서 다시 살리신 것으로 모든 사람에게 믿을 만한 증거를 주셨음이니라 하니라"(행 17:30~31)

"그들이… 그를 바라보고"(슥12:10)란 말씀이 유대인 복음 전도를 지연시키고 외면할 수 있도록 허락해 주는가? "온 이스라엘이 구원을 받으리라"는 말씀이 유대인에게 복음을 전해야 한다는 사실을 묵살하는가? 전혀 그렇지 않다! 이 말씀들은 우리가 더욱 절박하게 복음을 전하도록 만든다. 지금 현재 "(주님의) 그 날이 가까움을 볼수록 더욱" 복음을 전해야 하고(히 10:25) 지금 현재 구원의 날이 남아 있을 때 힘써 전해야 한다.

9. "예수님은 이방인만을 위한 구원자다"

나는 이런 말을 들었다.

> "유대인 복음 전도는 필요 없다. 예수님은 이방인에게만 빛이시기 때문이다. 그분은 유대인의 메시아가 아니다. 부활 이후에, 예수님은 한 번도 사도들과 제자들에게 유대인에게 복음을 전하라고 명하지 않으셨다. 온 열방에 가서 모든 민족을 제자로 삼으라는 명령은 열방의 이방 민족에게 복음을 전하라는 명령이지, 이스라엘에 남아 유대인에게 전하라는 것이 아니다."

언뜻 보기에 예수님께서 열방을 위한 구원의 빛이라는 주장은 굉장히 좋고 훈훈한 것처럼 보일 수 있다. 예수님이 유대인의 메시아가 아닐지라도 말이다. 이 생각은 하나님의 긍휼하심이 결코 이스라엘의 평안에만 국한되어 있지 않다는 것을 일깨워 준다. 그분의 관심은 전 인류를 향하신다. 사랑과 은혜 안에서 하나님은 이방인에게 빛을 주셨고, 열방이 희망 없이 어둠 속에서 버려진 채 절망하고 방황하도록 내버려 두지 않으신다. 오히려 이 말씀처럼 하실 것이다.

> "전에 고통 받던 자들에게는 흑암이 없으리로다… 이방의 갈릴리를… 흑암에 행하던 백성이 큰 빛을 보고 사망의 그늘진 땅에 거주하던 자에게 빛이 비치도다"(사 9:1~2)

이 주장에 따르면, 하나님은 이방인을 위해 예수님을 준비하셨다. 유대인을 위해서가 아니라 말이다. 예수님은 열방의 구원자로 하나님의 구원이 "땅 끝까지 이르게" 하신다(사 49:6). 우리가 소위 위대한 사명이라고 부르는 것은, 열방에 복음을 전하라는 하나님의 명령인 것이다. 그래서 예수님은 이렇게 말씀하셨다. "온 천하에 다니며"(막 16:15) "모든 민족을 제자로 삼아"(마 28:19)

하지만 하나님께서 유대인을 제외한 채 온 열방에 가라고 지시하셨다는 이 주장에는 여러 허점이 있다. 우선 이 주장은 성경에서 자주 사용되는 특정 단어들이 일반적이고 포괄적인 뜻을 갖고 있다는 것을 간과했다. 출애굽기 4:22을 보면, 하나님께서 이렇게 말씀하신다. "이스라엘은 내 아들 내 장자라" 이 명칭은 하나님께서 이스라엘을 택하셨다는 것, 즉 이 민족의 "택함받음"을 나타내는 표현이다. 이 말씀은 문자 그대로 "아들"이라고 말한다. 하지만 그렇다고 해서 여성들이 제외되는 것은 아니다. 이스라엘의 남성만이 하나님의 선택받은 백성인가? 전혀 그렇지 않다.

이와 비슷하게 이사야의 첫 장을 보면, 하나님께서 우리 민족의 불순종에 대해 가슴 아파하시며, 이렇게 말씀하신다. "나의 백성은 깨닫지 못하는도다 하셨도다 슬프다 범죄한 나라요… 행위가 부패한 자식(아들들/sons)이로다"(사 1:3, 4) 상식상 그리고 내용상 여기서 "아들들"은 남성만이 아닌 모든 사람을 포함한다.

히브리 성경 속 이 특정 단어들에 담긴 포괄적인 뜻은 신약에서도 찾아볼 수 있다. 예를 들어, 디모데전서 2:5는 이렇게 말씀한다. "하나님은 한 분이시요 또 하나님과 사람(men) 사이에 중보자도 한 분이시니 곧 사람이신 그리스도 예수라" 여기서도 사람(men)은 여성과 아이를 포함한 모든 사람을 말한다.

그다음 허점은, 제자들이 예슈아의 말씀을 이해하고 행한 것들을 보면 알 수 있다. 그들은 예슈아께서 비유대인에게만 복음을 전하라고 명하셨다고 생각했을까? 전혀 그렇지 않다. 메시아의 몸된 교회가 지리적으로 고대 이스라엘의 국경을 넘어 커졌지만, 선교사들은 항상 유대인을 포함한 모든 민족에게 복음을 전했다. 사도 바울은 고린도에서 "우리가 이방인에게로 향하노라"고 선포했지만(행 13:46), 새로운 도시로 가서 사역을 시작할 때마다 항상 유대인에게 먼저 복음을 전했다.

하지만 아마도 이 주장의 가장 큰 허점은 예수님의 말씀을 통해서 드러난다. 예수님께서 승천하시기 직전, 그분은 제자들에게 이렇게 말씀하셨다. "예루살렘과 온 유대와 사마리아와 땅 끝까지 이르러 내 증인이 되리라"(행 1:8) 예수님은 복음 전파를 비유대인에게만 국한하라고 말씀하신 걸까? 그렇다면 왜 예수님은 가장 유대적인 지역인 예루살렘과 유대를 빼지 않으셨을까? 혼동을 막기 위해 왜 이렇게 말씀하시지 않았을까? "예루살렘과 유대의 이방인들에게만 내 증인이 되리라."

이스라엘 민족은 분명히 열방의 하나로 여겨진다. 그리고 사도들은 열방에 복음을 전하면서, 단 한 번도 유대 민족을 복음 전도 활동에서 제외한 적이 없다. 예슈아의 말씀 안에 유대인을 제외하는 뜻이 있다고 믿는 사람이 있다면, 그 사람은 이전부터 유대인 복음 전도를 반대하는 것에 전념하고 있었을 것이다.

예수님은 유대 민족에게 자기 자신을 나타내셨다

예슈아께서 동족인 유대인에게조차 빛이 아니신데 어떻게 이방인에게 빛이 되실 수 있을까? 유대인에게는 필요 없는 존재인데 어떻게 이방인은 하나님께로 돌아오게 하실 수 있을까? 이 주장은 다음과 같이 전개된다. 예수님이 맡은 열방의 빛의 역할은 이방인을 불러 그들이 이방 신들을 떠나 그분을 바라보도록 만드는 것이다. 그리고 예수님을 바라볼 때 사람이신 예수님을 넘어 이스라엘의 하나님을 바라보는 것이다. 이런 식으로 예수님은 열방을 향한 하나님의 구원의 빛이 되신다. 하지만 유대인들은 이미 하나님을 바라보고 있으므로 예수님을 바라본다는 것은 하나님이 아닌 사람에게 초점을 맞추는 것이다.

　이 주장은 예수님과 이방인에 대해서 어떻게 가르치고 있나? 이 주장은 예수님께서 이방인들이 하나님을 바라보게 함으로 예수님은 이방인들에게 유익한 존재라고 가르친다. 하지만 이 주장이 유대인과 관련해서는 예수님을 어떻게 설명할까? 이 주장은 예수님께서 유대인의 얼굴을 하나님에게서 돌리게 만드는 존재라고 말한다. 이것만으로도 충분히 주님에 대한 불쾌한 표현이지만, 이 주장은 더욱 심한 표현을 사용한다. 예수님께서 유대인들을 의도적으로 속인 사기꾼이라는 것이다.

　복음서를 보면, 예수님은 의도적으로 유대 민족을 불러 자신을 바라보게 하셨다. 예를 들어, 예수님은 성전에서 이렇게 선포하셨다. "누구든지 목마르거든 내게로 와서 마시라"(요 7:37) 이것은 우리 유대인을 향한 선포였다. "암탉이 그 새끼를 날개 아래에 모음 같이 내가 네 자녀를 모으려 한 일이 몇 번이더냐"(마 23:37)라고 말씀하셨을 때, 예수님은 유대인을 향해 이렇게 애통해 하셨다. 또한 "인자의 살을 먹지 아니하고 인자의 피를 마시지 아니하면 너희 속에 생명이 없느니라"(요 6:53)고 경고하셨을 때도 예수님은 우리 유대인에게 경고하신 것이었다. 이 세 경우를 포함한 다른 여러 경우를 살펴보면, 예수님은 특별히 유대 민족에게 고개를 돌려 그를 바라보라고 간청하셨다. 하나님의 거룩한 자이신 예수님은 의도적으로 유대 민족을 불러 하나님에게서 고개를 돌리고 아들인 자신을 보길 바라셨다. 우리는 이런 예수님을 믿어야 할까? 예수님은 우리 유대인이 그분을 바라보기를 바라셨고, "그분을 바라봄"으로 인해 이미 완전한 하나님과의 관계를 잃어버리게 된다면, 우리는 이 예슈아를 믿어야만 할까? 이런 주장은 예수님을 사기꾼으로 만든다. 실수로라도 이 주장을 지지하는 사람들은 매우 조심해야 할 것이다. 깨닫든 깨닫지 못하든, 그들은 주님을 심각하게 비난하고 있기 때문이다.

예수님 : 이스라엘의 회복자이자 열방의 빛

하나님은 이사야 선지자를 통해 이렇게 선포하셨다. "그가 이르시되 네가 나의 종이 되어 야곱의 지파들을 일으키며 이스라엘 중에 보전된 자를 돌아오게 할 것은 매우 쉬운 일이라 내가 또 너를 이방의 빛으로 삼아 나의 구원을 베풀어서 땅 끝까지 이르게 하리라"(사 49:6) 이 구절에는 여러 중심 단어들이 있는데, 그 단어 중 하나를 우리는 신경 쓰지 않고 넘어가 버린다. 바로 '또'(also)라는 단어이다. 이 단어를 통해서, 우리는 예슈아께서 단지 이스라엘의 회복자이실 뿐만 아니라 열방의 구원자라는 것을 알게 된다. 구원에 두 가지 길이란 없고, 두 명의 구원자란 없다.

예수님은 열방의 빛이시다. 그리고 이 열방은 분명 유대인을 포함한다. 예수님은 이방 민족의 빛이시다. 그리고 이 빛은 유대인에게서 나온 것이고 유대인을 위한 빛이기도 하다.

> "일어나라 빛을 발하라 이는 네 빛이 이르렀고 여호와의 영광이 네 위에 임하였음이니라 보라 어둠이 땅을 덮을 것이며 캄캄함이 만민을 가리려니와 오직 여호와께서 네 위에 임하실 것이며 그의 영광이 네 위에 나타나리니 나라들은 네 빛으로, 왕들은 비치는 네 광명으로 나아오리라"(사 60:1~3)

> "이방을 비추는 빛이요 주의 백성 이스라엘의 영광이니이다"
> (눅 2:32)

예수님은 이방인을 위한 빛이시다. 왜냐하면, 그분이 유대인의 회복자이시기 때문이다. 만약 예수님이 야곱 지파들을 일으키는 분이 아니라면, 하나님의 구원을 땅끝까지 이르게 하시는 분도 아니다.

10. "교회는 전도가 아닌 회개를 해야 한다"

나는 이런 말을 들었다.

> "교회 안에 너무나 오랫동안 반유대주의가 있었고, 그리스도의 이름으로 유대인에게 너무나 악한 일들을 행했기 때문에, 크리스천은 유대인에게 주님을 전하기에 앞서, 먼저 회개하고 용서를 구해야 한다."

유대 민족을 향한 수많은 범죄는 교회의 반유대적 가르침에서부터 시작됐다. 예를 들면, 초대 교부들이 내린 신을 죽였다는 혐의, 중세 암흑시대 동안 유대인에게 내려진 영장들, 거룩한 땅을 "해방"하겠다는 십자군의 여정 중에서 학살당한 유럽의 유대인 공동체들, 종교 재판을 통한 추방, 고문, 처형, 강압적인 세례, 유럽과 러시아에 있었던 피의 비방(blood libel)과 유대인 대박해, 포그롬(pogroms) 등이 있다. 더욱이 교회 안의 반유대적 가르침은 홀로코스트 당시 많은 교회가 나치를 지지하고 묵과하게 만든 아주 큰 요인이다.

그러니 유대인들이 예수아에 대해서 공평하고 공정하게 받아들일 수 없는 것은 당연한 일이다. 예수님께서 우리 모두를 위해 갈보리에서 피 흘리심으로 이루신 것을 전하는 사랑의 말씀은, 예수님을 사랑하고 따르며, 그분에게 속해 있다고 주장했던 사람들의 손에 의해서 유대인들의 피가 뿌려짐으로 가려지고 말았다.

오데사에서 있었던 일

나는 1990년대 당시, 우크라이나 오데사에서 한 연로한 크리스천 자매와 이야기를 나눈 적이 있다. 그녀는 나에게 말했다. "당신의 민족에게 그리스도의 이름으로 일어났던 모든 일을 생각해 볼 때, 나는 주님을 전함으로써 그들을 화나게 하지 않을 거예요."

"그럼 뭘 하실 건가요?" 나는 물었다.

"크리스천으로서 그들에게 사과해야죠."

"무엇에… 대해서요?" 나는 빠르게 다시 물었다.

그러자 그녀는 말했다. "모든 것에 대해서요. 특히 홀로코스트에 대해서요."

그녀는 충분히 제2차 세계 대전을 기억할 만한 나이였다. 그래서 나는 이렇게 물었다. "당신은 홀로코스트를 지지하셨나요?"

"아뇨." 그녀는 강하게 부정했고 그런 질문을 했다는 것 자체에 큰 충격을 받은 듯했다.

"예슈아께서 홀로코스트를 지지하셨나요?"

"아니요" 그녀는 다시 한번 강하게 답했다.

"그럼 왜 당신은 당신이나 예수님께서 지지하지 않은 일에 대해 사과하려 하시나요?"

그녀는 얼굴을 찡그렸고 이 당연한 사실을 이해하지 못하는 나를 보며 짜증이 난 듯했다. "왜냐하면, 당신의 민족이 예슈아가 홀로코스트의 원인이라고 생각하니까요."

"맞아요. 우리 중 어떤 이들은 그렇게 생각하죠." 나는 이어서 말했다. "하지만 당신이 예수님을 대신해서 예수님의 이름으로 사과한다면 유대인들은 계속 그 거짓말을 믿을 수밖에 없습니다."

과거의 죄에 대한 회개와 현대의 반유대적 현상들에 대한 강력한 비난은 제대로만 이루어진다면 굉장히 합당한 일이다. 하지만 사과는 상황을 애매하게 만들 수 있다. 우리는 우리가 전하고 싶은 바를 분명히 해야 한다. 예를 들어, 내가 누군가에게 어떤 죄에 대해 사과를 할 때 내가 다른 사람을 대신해서 사과한다고 확실히 말하지 않는 이상 그 사람은 내가 그 죄를 범했다고 이해할 수 있다. 그리고 만약 내가 다른 누군가를 대신해서 사과한다고 해 보자. 예를 들어 그 누군가가 가문의 이름을 더럽히고 부끄럽게 한 친척이라고 하면, 사과를 받는 사람은 다행히 내가 아니라 그 친척이 죄를 지은 것이라고 이해할 수 있다.

그리고 나는 사과를 받는 사람이 이 중요한 두 가지 요점을 이해해 주길 바란다. 첫째, 나는 내 친척의 행위에 대해 어떠한 상관도 없고 오히려 이를 비난한다는 것과 둘째, 내 친척의 범죄가 우리 가문의 특성이 아니라는 것이다. 그의 범죄가 내 가문 전체를 나타내는 것은 아니다. 그 범죄는 오직 내 친척만을 나타낼 뿐이다

그래서 교회의 범죄에 대해 용서를 구하는 것은 옳은 일이지만, 예슈아를 대신해서 사과하는 것은 옳지 못한 일이다. 예수님은 잘못하신 것이 없다. 예슈아는 악한 자들이 그분의 이름으로 저지른 모든 범죄에 대해서 어떠한 책임도 없으시다. 오히려 아우슈비츠의 괴물인 요제프 멩겔레가 의학의 이름으로 유대 민족에게 범죄를 저지를 수 있도록 도와준 현대 의학에 더욱 책임이 있다.

만약 크리스천이 교회의 반유대적 범죄에 대해 사과한다면, 이 범죄가 예수님의 가르침에 완전히 반대로 행동한 개개인의 죄인들에 의해서 저질러졌다는 점을 명확히 해야 한다.

그런데 만약 우리가 잘못이 없다면 어떡해야 할까? 우리 가문이나 민족이 저지른 죄를 우리는 여전히 사과해야 할까? 이런 경우에는 해야 한다. 하지만 이 사과에는 주님 앞에서의 온전한 회개가 뒤따라야 한다. 다니엘의 예를 살펴보자 (단 9:4~6). 다니엘은 기나긴 반항과 불순종의 역사를 통해 마침내 우리 유대인이 바빌론에 포로

로 잡혀 온 것에 깊이 슬퍼하며, 이 민족의 죄를 자신의 것으로 여기고 그 죄를 주님 앞으로 가져간다.

사람은 용서하지 못하더라도 하나님은 용서하는 분이시다. 우리는 하나님 앞에서 회개해야 하며 그분의 용서를 먼저 구해야 한다.

그리고 다시 한번 우리는 이 부분을 조심해야 한다. 회개는 세대를 거쳐 내려온 죄에 대한 믿는 자들의 죄의식을 더욱 무겁게 하려는 것이 아니다. 오히려 회개는 죄로 인한 족쇄와 형벌에서 믿는 자들을 자유롭게 한다. 놀랍게도 가문을 묶는 죄의 사슬은 예슈아의 십자가를 통해 끊어진다.

회개의 열매

진정한 회개가 이루어지고 주님에게서 용서를 받은 후, 계속 죄를 기억하는 것과 계속 죄에 대한 죄책감과 정죄감을 품고 살아가는 것은 아주 다르다. 바울은 그가 교회에 행한 범죄를 절대 잊지 않았고, 이렇게 인정했다. "하나님의 교회를 심히 박해하여 멸하고… 내가 전에는 비방자요 박해자요 폭행자였으나"(갈 1:13, 딤전 1:13) 하지만 이렇게 죄에 대한 생생한 기억에도 불구하고 바울은 죄책감에 짓눌린 삶을 살지 않았고, 끊임없이 용서를 구하며 살지도 않았다. 오히려 죄에 대한 기억을 통해 바울은 하나님의 자비와 은혜를 더욱 찬양하게 되었다. "도리어 긍휼을 입은 것은 내가 믿지 아니할 때에 알지 못하고 행하였음이라 우리 주의 은혜가 그리스도 예수 안에 있는 믿음과 사랑과 함께 넘치도록 풍성하였도다"(딤전 1:13~14)

진정한 회개에 뒤따르는 것은 무엇인가? 그 후 볼 수 있는 열매는 무엇인가? 마음과 행동의 변화뿐만 아니라 하나님의 은혜에 대한 선포가 필요하다.

다윗이 간음죄와 살인죄를 주님께 고백했을 때 그는 하나님의 용서를 받았다. 그래서 넘치는 감사와 사랑이 다윗의 마음을 가득 채웠고 그의 입술에서는 이런 찬양과 선포가 터져 나올 수밖에 없었다.

> 허물의 사함을 받고 자신의 죄가 가려진 자는 복이 있도다… 내가 이르기를 내 허물을 여호와께 자복하리라 하고… 곧 주께서 내 죄악을 사하셨나이다… 악인에게는 많은 슬픔이 있으나 여호와를 신뢰하는 자에게는 인자하심이 두르리로다 너희 의인들아 여호와를 기뻐하며 즐거워할지어다 마음이 정직한 너희들아 다 즐거이 외칠지어다(시 32:1, 5, 10~11)

3세기가 흐른 후, 이사야 선지자는 진정한 회개가 이루어졌다면 당연히 뒤따라야 할 뜨거운 선포에 대해 말했다.

> 그 날에 네가 말하기를 여호와여 주께서 전에는 내게 노하셨사오나 이제는 주의 진노가 돌아섰고 또 주께서 나를 안위하시오니 내가 주께 감사하겠나이다 할 것이니라 보라 하나님은 나의 구원이시라 내가 신뢰하고 두려움이 없으리니 주 여호와는 나의 힘이시며 나의 노래시며 나의 구원이심이라… 그 날에 너희가 또 말하기를 여호와께 감사하라 그의 이름을 부르며 '그의 행하심을 만국 중에 선포하며 그의 이름이 높다 하라' 여호와를 찬송할 것은 극히 아름다운 일을 하셨음이니 '이를 온 땅에 알게 할지어다 시온의 주민아 소리 높여 부르라' 이스라엘의 거룩하신 이가 너희 중에서 크심이니라 할 것이니라(사 12:1~2, 4~6)

초대 교회의 박해자였던 다소의 바울도 마찬가지로 회개와 동시에 이렇게 선포했다. "즉시로 각 회당에서 예수가 하나님의 아들이심을 전파하니"(행 9:20)

하나님의 용서를 받았다면 그 뒤엔 반드시 하나님의 용서를 선포해야 한다. 우리는 하나님의 역사하심을 전파하도록 명함받았다. 회개에서 용서로 그리고 아직 믿지 않은 자들을 위해 선포함으로 나아가야 한다. 우리는 이런 식의 본을 보고 있지 않은가?

크리스천이 하나님과 우리 유대인에게 교회의 죄에 대한 용서를 계속 구하면서도, 가장 중요한 회개의 열매를 보이지 못하는 것은 옳지 못한 일이다. 이 회개의 열매는 기쁨의 선포이다. 곧 예슈아의 피가 우리 모두의 죄를 깨끗하게 하신 것을 부끄럼 없이 선포하는 것이고, 고백하는 모든 사람을 예수님께서 깨끗하게 하신다고 단언하는 것이다.

만약 당신이 교회의 죄 많은 과거로 인해 마음이 무겁고, 자신의 죄와 다른 사람들의 죄를 위해 회개하는 게 옳다고 느껴진다면, 부디 회개하라. 다만 끝없이 반복되는 회개가 아닌 진정한 회개를 하라. 당신을 모든 불의에서 깨끗하게 하신다는 하나님의 약속을 신뢰하라(요일 1:9). 죄책감과 정죄함이 사라졌다는 그분의 확실하신 약속을 믿어라(롬 8:1). 그분의 용서를 받고 하나님께서 당신의 삶에 행하신 일들을 입술로 전파하라. 그래서 다른 사람들도 예수님께 나아갈 수 있도록 말이다. 이것이 바로 다윗이 한 일이다.

> 주의 구원의 즐거움을 내게 회복시켜 주시고 자원하는 심령을 주사 나를 붙드소서 그리하면 내가 범죄자에게 주의 도를 가르치리니 죄인들이 주께 돌아오리이다(시 51:12~13)

11. 알리야는 가장 최우선 사항이다

나는 이런 말을 들었다.

"유대인에게 예수님을 전하는 것보다 그들을 이스라엘 땅으로 다시 돌려보내는 것이 더욱 중요하다. 알리야(이스라엘로의 귀환)야말로 가장 최우선 사항이다. 구원은 모든 유대인이 고국으로 돌아간 후에야 이루어질 것이다."

나는 하나님께서 모든 유대 민족을 이스라엘 땅에 모으실 날이 올 것이라고 확신한다. 하지만 이스라엘의 물리적 귀환이 반드시 이스라엘의 영적 구원보다 먼저 일어나야 한다고 성경이 가르치고 있는가? 분명히 그렇다. 에스겔 36:24~25 같은 중요한 말씀들을 보면, 분명히 하나님께서 우리를 구원하시기 전에 우리 중 많은 이들을 이스라엘로 돌려보내실 것이라고 가르치고 있다. "내가 너희를 여러 나라 가운데에서 인도하여 내고 여러 민족 가운데에서 모아 데리고 고국 땅에 들어가서 맑은 물을 너희에게 뿌려서 너희로 정결하게 하되 곧 모든 더러운 것에서와 모든 우상 숭배에서 너희를 정결하게 할 것이며." 하지만 히브리 성경 속 여러 다른 말씀들을 보면, 우리가 추방당한 곳에서 먼저 회개를 해야만 하고, 그 후에 하나님께서 우리를 이스라엘 땅으로 돌려보내실 것이라고 선언한다.

사실 성경에서 가장 처음으로 유대인들의 고국 귀환을 다루는 말씀을 보면, 귀환에 앞서 먼저 회개가 이루어져야 한다는 것이 아주

분명하게 나타난다. 예를 들어,

> "내가 네게 진술한 모든 복과 저주가 네게 임하므로 네가 네 하나님 여호와로부터 쫓겨간 모든 나라 가운데서 이 일이 마음에서 기억이 나거든 너와 네 자손이 네 하나님 여호와께로 돌아와 내가 오늘 네게 명령한 것을 온전히 따라 마음을 다하고 뜻을 다하여 여호와의 말씀을 청종하면 네 하나님 여호와께서 마음을 돌이키시고 너를 긍휼히 여기사 포로에서 돌아오게 하시되 네 하나님 여호와께서 흩으신 그 모든 백성 중에서 너를 모으시리니"(신 30:1~3)

마찬가지로 에스겔 20:34~38도 동일한 내용을 전한다.

> "능한 손과 편 팔로 분노를 쏟아 너희를 여러 나라에서 나오게 하며 너희의 흩어진 여러 지방에서 모아내고 너희를 인도하여 여러 나라 광야에 이르러 거기에서 너희를 대면하여 심판하되 내가 애굽 땅 광야에서 너희 조상들을 심판한 것 같이 너희를 심판하리라 주 여호와의 말씀이니라 내가 너희를 막대기 아래로 지나가게 하며 언약의 줄로 매려니와 너희 가운데에서 반역하는 자와 내게 범죄하는 자를 모두 제하여 버릴지라 그들을 그 머물러 살던 땅에서는 나오게 하여도 이스라엘 땅에는 들어가지 못하게 하리니 너희가 나는 여호와인 줄을 알리라"

하나님은 우리를 언약의 줄로 매실 것이다. 이는 유대인이 여전히 이스라엘로 돌아가고 있었던 예레미야 31:31~34에서 약속되었다. 하지만 이 언약에 들어가길 거부한 자들은 이스라엘 땅에 들어가지 못한다. 이것은 놀라운 일이 아니다. 하나님께서는 언제나 변함없는 분이시기 때문이다. 애굽을 떠난 첫 번째 세대가 불신으로 인해 약속의 땅에 들어가지 못한 것처럼, 그 후의 세대도 같은 이유인 불신의 죄로 인해 출입이 금지될 것이다. 신명기 30장과 에스겔 20장에 의하면, 하나님은 우선 우리가 흩어진 곳에서 믿음을 갖게 하시고 반역하는 자를 우리 중에서 제하신다. 그 후에 하나님은 우리를 약속의 땅으로 데려가신다. 하지만 에스겔 36장을 고려해 볼 때, 어떻게 이런 일이 일어날 수 있을까? 이것은 둘 중의 하나만이 옳은 경우가 아니라 두 가지 모두가 옳은 경우이다. 어떤 유대인들은 추방당한 곳에서 회개하지 않는 이상 돌아오지 못할 것이고, 어떤 유대인들은 고국에 돌아와야지만 회개를 할 것이다. 그런데 이 두 가지 경우가 가진 공통점이자 중심점은 무엇일까? 바로 하나님은 우리가 회개하고 돌아오길 바라신다는 것이다. 이 모든 말씀은 하나님의 마음속 최우선 사항이 단지 백성들의 이동이 아니라 구원임을 분명히 알려 준다. 만약 이동하는 것이 구원의 비결이라면, 그리고 민족적 알리야가 주님의 재림을 위한 전제 조건이라면, 우리는 어째서 사도행전의 말씀 전체와 사도들의 서신들 속에서 고국으로 돌아오라는 부름을 찾아볼 수 없는 것인지 궁금할 것이다. 베드로와 바울은 추방당한 유대인들에게 사역을 했다. 이것은 국외로 흩어진 다른 모든 사도와 제자들도 마찬가지였다. 당시 이스라엘은 로마의 정복 아래 지정학적으로 여전히 존재하고 있었지만, 이미 대규모의 유대인들이 고국을 떠나 흩어져 살고 있었다. 그래서 로마와 페르시아 제국 전체에 유대인 공동체들이 크게 성장하고 있었고, 로마와 알렉산드리아에서만 해도 유대인의 인구가 상당했다.

하지만 우리는 신약 그 어느 곳에서도 제자들이 유대인에게 고국으로 돌아오라고 권하는 모습을 볼 수 없다. 대신 회개하고 주님을 영접하라고 권하는 모습을 볼 수 있다. 이스라엘 땅에 대한 하나님의 약속은 사실이고 보증되었으며 영원한 것이다. 예수님의 재림에 대한 약속 또한 마찬가지이다. 하지만 이것의 핵심은 우리 유대인이 고국으로 돌아가는 시기가 아니라 우리가 주님께로 돌아가는 순간에 있다. 하나님은 분명히 우리를 고국으로 돌려보내실 것이다. 하지만 하나님의 마음에 가장 중요한 것은, 우리가 언제 고국 땅에 다시 서게 되는지가 아니라 언제 반석 위에 서게 되는지이다.

12. "화해가 먼저 이루어져야 한다"

나는 이런 말을 들었다.

"유대인과 크리스천이 먼저 화해하지 않는 이상, 유대 민족에게 복음을 전하는 것은 소용이 없다."

수년 전, 한 목사님은 나를 "이스라엘을 위해 기도하는 법"이란 주제로 열린 컨퍼런스에 강사로 초청했다.

내가 그곳에 도착했을 때, 목사님은 컨퍼런스에 참석한 피오트르라는 사람에 대해 말하며 "이 사람을 꼭 만나서 이야기 좀 나눠 주세요."라고 부탁했다. 내가 그 이유를 묻자, 목사님은 피오트르가 유대 민족을 향한 큰 사랑이 있지만, 죄책감이 그 사랑을 짓누르고 있다고 말했다. 피오트르의 아버지는 홀로코스트 동안 중요한 역할을 담당했다. 그 당시 일어난 여러 끔찍한 사건 중 남자와 여자, 아이들까지 포함한 수백 명의 유대인이 산 채로 태워지는 일이 있었는데, 목사님은 "그의 아버지가 불을 피우는 사람 중 한 명이었어요."라고 알려 주었다.

"그렇네요. 이 사람을 만나서 이야기를 해 봐야겠네요." 나는 조심스레 인정했다.

많은 이방인과 유대인은 화해에 대한 열망을 품고 있다. 그리고 하나님의 은혜로, 원하는 자에게는 이방인과 유대인 간의 화해가

가능하다. 하지만 여기에는 주의할 점이 있다. 유대인과 이방인이 서로 진실하고 온전한 화해를 누리기 위해서는, 우리 각자가 메시아이신 예슈아를 통해 하나님과 먼저 화해를 해야 하는 것이다.

십자가 없이는 이방인과 유대인 사이에 진정한 화해가 있을 수 없고, 평강의 왕 없이는 진정한 평강이 있을 수 없다. 왜 그럴까? 예수님이야말로 우리의 평강이시고, 예수님만이 우리를 하나 되게 하실 수 있으며, 우리를 갈라놓는 증오의 벽들을 무너뜨리실 수 있기 때문이다. 슬프게도, 우리 유대인과 화해하는 방법은 예슈아께서 십자가에서 이루신 일에 대해 부인하거나 침묵하는 것이라고 믿는 크리스천들이 있다. 거짓 크리스천들로 인해 그리스도의 이름으로 유대 민족에게 수많은 악행이 저질러졌기 때문이다.

어떤 신실한 크리스천들은 유대 민족과 친구가 되기 위해서 예슈아와 그분의 속죄하심에 대해 아무 말도 하지 않기로 결정한다. 그들은 유대 민족을 사랑하지만, 그들의 마음속에 사랑을 심어 주신 분에 대해 전하는 것은 의도적으로 피한다. 그들은 유대인이 주님의 사랑을 경험하도록 하는 것보다 그저 자신들이 유대인에게 사랑받기를 더욱 원하는 것이다. 그래서 우리를 향한 하나님의 사랑을 가장 잘 나타내는 사건, 즉 우리의 죗값을 위해 아들을 희생하신 일은(요 3:16, 롬 5:8) 모든 대화에서 제외된다. 그들과 사이가 멀어질까 봐 두려워하기 때문이다. 이것은 참담한 일이다.

예수님과 그분의 유대 민족을 향한 사랑에 대해 침묵함으로 크리스천들은 유대인 중 일부가 가지고 있는 일반적인 생각 즉 예수님이 정말 십자군, 종교 재판, 유대인 대박해(포그롬), 홀로코스트에 대한 책임이 있다는 생각을 더욱 확고하게 만들고 있다.

복음에 대해 침묵하면 유대 민족과 화해할 수 없다. 침묵은 복음이 유대인을 대적하는 말씀이라는 거짓말을 더욱 확고하게 할 뿐이다.

성경적 화해를 위한 방법

　원수들 간의 화해나 평강에 대한 성경적 개념은 단순히 적대적인 행위가 사라지거나 다툼이 중단되는 것 이상의 의미를 담고 있다. 성경적 화해는 연합과 조화의 상태를 말하고, 이 상태는 사랑의 관계라는 새로운 토대 위에서만 존재할 수 있다. 하지만 이 사랑은 상호 간의 마음이 변하지 않는 이상 생길 수 없다. 그리고 이 마음의 변화는 오직 메시아이신 예슈아의 정결케 하심이 우리 삶에 주어질 때만 일어날 수 있다. 우리는 하나님께서 어떻게 은혜로 우리의 모든 죄를 용서하셨는지를 먼저 이해해야 하고, 그 후에야 우리에게 죄지은 자들을 용서할 수 있는 은혜를 누릴 수 있다.
　하나님께서 우리를 어떻게 다루어오셨는지를 이해하면 우리가 다른 이들을 대할 때 필요한 비결을 알 수 있다. 우리가 예슈아께서 어떻게 우리를 용서하셨는지 온전히 이해한다면, 우리는 다른 이들을 용서할 수밖에 없다. 우리를 향한 예슈아의 자비가 얼마나 깊은지 안다면, 우리를 상하게 한 자들에게 자비로울 수밖에 없다. 우리가 예슈아에게 행한 모든 범죄에도 불구하고 그분이 우리를 얼마나 깊이 사랑하시는지 안다면, 우리에게 사랑하라고 명하신 이들을 사랑할 수 있는 능력을 얻는다. 그들로 인해 우리가 어떤 불의를 당했을지라도 말이다.
　유대인은 메시아를 먼저 사랑하지 않는 이상 이방인을 제대로 사랑할 수 없다. 그리고 예수님이 우리를 위해 엄청난 사랑으로 행하신 일에 대해 듣고 믿지 않는 이상 우리는 예수님을 사랑할 수 없다.
　세상이 주는 완전하지 못한 형식의 화해는 주변에서 쉽게 찾아볼 수 있다. 법원이나 헌법을 통한 판결이 불의를 바로잡고 분쟁을 해결할 수 있을지는 모르지만, 법적인 판결로 분쟁 중인 사람들의 마음도 화해시킬 수 있을까? 이것으로 상처받은 사람들이 상처를 준 사람들을 용서할 수 있을까? 피해자의 마음이 불의를 행한 가해자를 향해 긍휼함을 품을 수 있을까? 법률적인 명령이나 정치적인 판결을 통해 "화해"한 반대 세력들은 사랑이 가득한 포옹을 할 수가 없다. 우리는 스스로 이런 불편한 질문을 해 봐야 한다. "단순히 홀로코스트의 악행을 인정하고 유대 민족에게 행한 다른 범죄들을 인정한다고 화해가 이루어질까? 범죄자들의 자녀들이 갖는 죄책감을 통해 크리스천과 유대인이 진정한 화해를 이룰 수 있을까? 역사의 잔혹한 기억들이 아직도 우리 유대인에게 생생히 남아 있는데도 말이다." 그렇지 않다. 하지만 하나님은 우리에게 불가능한 것을 가능하게 하신다. 화해는 이루어질 수 있다. 다만 오직 십자가를 통해서만 가능하다. 홀로코스트 동안 유대 민족을 살해한 사람을 아버지로 둔, 피오트르의 이야기로 다시 돌아가 보자. 내가 컨퍼런스 장소에서 피오트르에게 다가갈수록 그의 얼굴은 눈에 띄게 굳어졌고 심지어 두려움마저 보였다. 나는 속히 그 긴장과 두려움을 없애 주고 싶었고 이렇게 말을 걸었다. "저는 당신이 과거로 인해 큰 아픔을 겪고 있는 걸 압니다."

"왜 그런지도 아시나요?" 나는 말했다. "네, 압니다." 우리는 서로의 옆에 앉았고, 나는 그에게 계속해서 내 마음에 있는 말을 전했다. 나는 메시아로 인해 우리는 이제 한 몸이 되었다고 말했다. 하나님은 우리를 가족으로 만드셨다. 그리고 주님 안에서 형제가 된 우리의 관계는 이미 죽은 아버지와의 육신적인 관계보다 더욱 강하다. 대화를 마무리하며 우리는 함께 기도했다. 그리고 이튿날이 지난 후, 나는 컨퍼런스를 주관한 목사님에게서 놀라운 소식을 들었다. 목사님은 피오트르에게서 이메일을 받았는데, 그가 아버지로 인해 수년간 지고 있던 죄책감이 드디어 사라졌다는 내용이었다. 하나님께서 그의 짐을 들어 올릴 수 있도록 나를 도구로 사용해 주셔서 얼마나 영광인지 모른다. 예슈아가 없었어도 피오트르와 나는 친구가 될 수 있었을 것이다. 하지만 세상에서는 사이가 아무리 좋을지라도, 그는 언제나 나에게 내 민족을 죽인 살인자의 아들이었을 것이다. 하지만 예슈아로 인해서 피오트르와 나는 친구 사이 이상이 될 수 있었다. 그와 나는 한 가족이 된 것이다.

처음에는 끊어졌지만, 후에는 화해하였다

성경은 유대인과 비유대인이 모두 처음에 죄로 인해 하나님과 끊어졌다고 말한다. 주님은 이사야를 통해 이스라엘에게 이렇게 말씀하셨다.

> "오직 너희 죄악이 너희와 너희 하나님 사이를 갈라 놓았고 너희 죄가 그의 얼굴을 가리어서 너희에게서 듣지 않으시게 함이니라"(사 59:2)

수 세기가 흐른 후, 하나님은 사도 바울을 통해 비유대인들에게 정확하게 동일한 말씀을 전하신다. "그 때(예슈아를 믿기 전)에 너희는 그리스도 밖에 있었고 이스라엘 나라 밖의 사람이라 약속의 언약들에 대하여는 외인이요 세상에서 소망이 없고 하나님도 없는 자이더니"(엡 2:12) 이것은 불화에 대한 나쁜 소식이다. 그리고 이제 화해에 대한 좋은 소식이 찾아왔다.

> "긍휼이 풍성하신 하나님이 우리를 사랑하신 그 큰 사랑을 인하여 허물로 죽은 우리를 그리스도와 함께 살리셨고(너희는 은혜로 구원을 받은 것이라) 또 함께 일으키사 그리스도 예수 안에서 함께 하늘에 앉히시니… 이제는 전에 멀리 있던 너희가 그리스도 예수 안에서 그리스도의 피로 가까워졌느니라"(엡 2:4~6, 13)

하나님께서 우리 각 사람과 화해하심으로, 이제 우리도 서로 화해할 수 있다. 그리고 이제, 이제서야 우리는 하나님 안에서 하나가 될 수 있다.

> "그는 우리의 화평이신지라 둘로 하나를 만드사 원수 된 것 곧 중간에 막힌 담을 자기 육체로 허시고… 이는 이 둘로 자기 안에서 한 새 사람을 지어 화평하게 하시고 또 십자가로 이 둘을 한 몸으로 하나님과 화목하게 하려 하심이라 원수 된 것을 십자가

로 소멸하시고"(엡 2:14~16)

성경적 화해를 전하는 자들

예슈아의 십자가 사역과 우리가 복음의 말씀에 달라붙음으로 우리는 서로 화해를 했다. 이 이후로 하나님은 우리가 무엇을 하길 바라실까? 하나님은 사도 바울을 통해 다시금 우리에게 말씀하신다. "그가 그리스도로 말미암아 우리를 자기와 화목하게 하시고 또 우리에게 화목하게 하는 직분을 주셨으니"(고후 5:18) 우리는 예수님으로 말미암아 서로 화해를 이루었다. 그리고 예수님은 우리에게 화목하게 하는 직분을 주셨다고 말씀한다. 이 말은 우리가 이것을 다른 이들에게 전해야 한다는 것이다. 그렇다면 화목하게 하는 직분이란 무엇일까? 이것은 말씀을 전파하는 직분이다.

> "곧 하나님께서 그리스도 안에 계시사 세상을 자기와 화목하게 하시며… 그러므로 우리가 그리스도를 대신하여 사신이 되어… 그리스도를 대신하여 간청하노니 너희는 하나님과 화목하라"
> (고후 5:19~20)

성경에 따르면, 화목하게 하는 직분은 십자가를 통한 화해를 전파하는 것이다. 다시 말하자면, 화목하게 하는 직분은 복음을 전하는 것과 함께 시작하는 것이다. 어떤 이들은 더 많은 유대인, 독일인, 폴란드인, 러시아인, 헝가리인, 아랍인 그리고 다른 모든 이들이 화목한 합의 속에서 악수를 하는 날이 오길 바란다. 나는 더욱 많은 유대인, 독일인, 폴란드인, 러시아인, 헝가리인, 아랍인 그리고 다른 모든 이들이 서로 어깨동무하며 거룩한 입맞춤을 나누는 날을 바라며 노력하고 있다. 화해는 오직 십자가의 말씀으로만 이루어질 수 있다.

13. "조용한 사랑은 복음의 말씀보다 더욱 강하다"

나는 이런 말을 들었다.

> "지금은 조용한 사랑이 직접 공개적으로 유대 민족에게 주님을 전하는 것보다 훨씬 더 강력하고 설득력 있는 증거가 된다."

1990년대 초반, 새롭게 통일된 독일은 구소련에 있는 유대인들의 이민을 받아들였다. 독일이 이런 정책을 시행한 것은 두 가지 이유 때문이다. 곧 홀로코스트에 대한 속죄이자, 유대인을 증오한 나라에서 유대인을 품어 주는 나라로 이미지를 변신하기 위해서였다. 그 결과, 예측불허의 일이 일어났다. 러시아어를 구사하는 수만 명의 유대인이 독일을 향해 서진하기 시작한 것이다. 바로 유대인 대다수가 절대 다시는 돌아가지 않으리라 생각했던 곳으로 말이다. 이민 초창기만 해도 독일의 유대인 인구는 약 31,000명이었는데, 2005년이 되자 이민자의 숫자는 230,000명으로 증가했다.

12~15년 만에, 독일은 서구 유럽에서 프랑스와 영국 다음으로 세 번째로 유대인 인구가 많은 국가가 되었다. 독일 도시들로 돌아온 유대 민족을 바라보며, 예수님을 믿는 독일 성도들은 굉장히 껄끄러운 문제를 마주하게 됐다.

그들은 도대체 어떻게 이 새로운 유대인 이웃들에게 주님을 전해야 할까?

루르 밸리에서 있었던 일

나는 1995년 봄, 독일로 처음 여행을 떠났다. 당시 모스크바에서 살고 있었지만, 독일로 이민한 유대인 이민자들을 직접 보고 싶었고, 독일 목회자들이 이런 상황에 대해 어떻게 생각하는지 알고 싶었다. 어느 저녁, 루르 밸리에 있는 한 교회에서 말씀을 마친 후, 목사님과 나는 빈 성소에서 밤늦게까지 이야기를 나누었다. 우리는 처음 만난 사이였지만, 주님을 향한 사랑과 유대인 난민에 관한 관심이라는 공통점을 통해 마치 수년간 알고 지낸 친구처럼, 마음을 터놓고 이야기할 수 있었다. 어느 순간, 그 목사님이 나에게 말했다 (그를 하르트무트라고 부르겠다). "아비, 저는 하나님께서 이 유대 민족을 다시 독일로 데려오심으로 우리에게 두 번째 기회를 주신다는 것을 압니다. 하지만 우리 독일인들이 당신의 민족에게 예수님에 대해 전할 수 있을지는 모르겠습니다."

나는 그의 대답을 예상할 수 있었음에도 물었다. "어째서요?"

"홀로코스트 때문이죠." 그는 예상대로 이렇게 대답했다. "우리 독일인들은 유대인에게 예수님에 관해 이야기할 수 있는 자격을 잃어버린 것 같아요."

나는 부드럽게 반박하며 말했다. "당신에게는 자격만 있는 것이 아니라 책임 또한 있습니다." 그리고 하나님께서 유대 민족을 독일로 데려오신 세 가지 이유를 나누었다. 곧 유대 민족을 향한 그분의 사랑, 독일 교회를 향한 그분의 사랑 그리고 독일 사람들을 향한 그분의 사랑말이다. "하나님은 우리 민족이 복음을 듣고 구원받길 원하세요. 하나님은 독일 성도들이 하나님의 백성을 자신에게로 데려오는 일에 쓰임받는 즐거움을 알길 바라세요. 하나님은 독일 사람들이 유대인의 입술을 통해 복음을 듣길 원하세요. 그리고 하나님은 세상이 유대인과 독일인이 함께 복음을 전하는 모습을 보길 원하세요. 이것은 주님의 사랑에 대한 아름다운 간증이 되고, 십자가가 가진 화해의 능력에 대한 놀라운 간증이 될 겁니다."

하르트무트는 이 말에 열정적으로 고개를 끄덕였다. 내가 나눈 앞으로의 비전에 감동했다는 것을 알 수 있었다. 하지만 그 끄덕거림은 어느샌가 멈췄고 과거에 대한 어두운 비전이 그의 마음에 들어온 것 같았다. 그는 말했다. "그럴 수 없어요, 아비. 우리는 당신의 민족에게 예수님을 이야기할 수 없어요."

"그럼 독일 성도들이 대신 무엇을 해야 한다고 생각하세요?" 나는 물었다.

하르트무트는 조심스레 발걸음을 내딛는 것처럼 천천히 답했다. "우리는 유대 민족을 사랑해야 해요. 언제든지 그들을 도와야 해요. 하지만 예수님에 대해서는 우리가 침묵해야 한다고 생각합니다."

"침묵이요." 나는 그 대답을 되풀이했다.

"네." 그는 조용하지만 단호하게 말했다. "예수님에 대해서는 우리가 침묵해야 합니다."

나는 대화의 주제를 바꿨고, 다른 것들에 관해 이야기를 나눴다. 하르트무트는 나에게 그의 가족에 대해 나눴고, 나는 내 가족에 대해 나눴다. 그는 이전에 목회했던 교회들에 관해 이야기해 줬고, 나는 나와 내 아내가 1991년 안락한 미국을 떠나 혼돈과 같았던 소련으로 이주하면서 얼마나 힘들었는지를 이야기해 줬다. 그러고 나서 나는 몇 분 전 나눴던 예민한 주제를 다시 거론했다.

"하르트무트, 전쟁 동안 독일에 신실한 크리스천들이 있었죠? 그렇죠?"

"그럼요, 물론이죠." 그가 말했다. 그는 그 당시에 교회를 다니던 어린 소년이었다.

"그럼 그 당시 믿는 교회가 저지른 실수나 범죄, 죄는 무엇인가요?" 나는 물었다.

그는 생각할 필요도 없이 반사적으로 대답했다. "우리가 침묵한 것이죠." 그리고 곧바로 그의 얼굴이 얼어붙었다. 그는 메아리치듯 돌아온 자신의 말에 깜짝 놀란 듯했다.

"당신들은 침묵했죠." 나는 조심스레 이 말을 되풀이했다. "그리고 현재, 전쟁이 끝나고 50년이 지난 후, 하나님은 유대 민족을 다시 독일로 데려오고 계십니다. 그런데 당신은… 침묵해야 한다고 말하네요."

하르트무트가 나와 만난 지 얼마 지나지 않아, 러시아어를 구사하는 유대인 난민인 알렉스가 교회 주변을 돌아다니고 있었다. 어떤 알 수 없는 이유로, 알렉스는 교회 대형 천막에 적힌 "예수님"이라는 이름이 가진 명성에 이끌려 왔다. 하르트무트는 알렉스가 교회에 들어왔을 때 그곳에 있었고, 알렉스가 예수님에 관해 물어보자, 설명을 해 주었다. 하르트무트는 서두르지 않고 천천히 설명해 주었다. 왜냐하면 알렉스의 억양을 들었을 때, 그는 분명 러시아어를 구사하는 새로 온 유대인 이민자였기 때문이다. 언어의 장벽에도 불구하고, 하르트무트는 복음을 설명할 올바른 단어들을 떠올렸고, 알렉스는 그의 이야기를 경청했다. 하르트무트는 대화를 마무리하면서 알렉스를 다음 주 교회 예배에 초청했다. 그리고 다음 주 주일, 알렉스와 아내 인나가 예배에 참석했다.

그들은 첫 예배 시간부터 큰 깨달음을 얻거나 하진 않았지만, 들은 말씀을 충분히 잘 받아들였다. 그 후 그들은 몇 주간 하르트무트와 더 많은 대화를 나누었고, 한 달 뒤 알렉스와 인나는 주님께 그들의 마음을 드렸다.

사랑은 사랑하는 자를 돌본다

아내와 나는 세 자녀가 있고 우리는 자녀들을 매우 사랑한다. 그런데 이 자녀들이 치명적인 중독으로 인해 죽어 가고 있다고 가정해 보자. 치료제는 존재한다. 그런데 치료제는 투여했지만 그 이상 치료하지 않고 내버려 둔다면, 중독은 분명 목숨을 앗아갈 것이다. 중독이 자녀들의 몸을 상하게 하고 현실 감각도 엉망으로 만들어 자기 자신을 스스로 죽이고 있다는 사실마저 알아채지 못할 정도라고 가정해 보자. 내가 그들이 굉장히 아픈 상태이고 치료가 필요하다고 말한다면, 내 자녀들은 욕을 하고 거부할 것이다. 아무리 좋은 상황에서 가장 다정한 말로 전한다 해도, 그들은 나의 말을 거부하고 전달자인 나를 무시할 것이다. 왜냐하면, 자신들은 괜찮다는 생각에 속고 있기 때문이다.

그럼 나는 어떻게 해야 할까? 용기를 발휘해 내가 가진 모든 사랑과 그들이 이해할 수 있는 정확한 말로 진실을 알려 줘야 할까? 우선은 말문을 열어서 앞으로 꺼낼 이야기를 위한 초석을 깔아야 할까? 아니면 자녀들이 거부할까 두려워 침묵해야 할까? 그냥 죽도록 내버려 둔 채 사랑으로 한 일이라고 나 자신을 설득해야 할까?

말씀은 우리에게 사랑으로 진리를 전하라고 권한다(엡 4:15). 사랑이 없이 진리를 전하는 것은 보통 차갑기만 하고 역효과를 낳는다. 하지만 진리를 침묵한 채 사랑을 전하는 것은 불충분하고 기만적인 행위다. 그리고 이 침묵에 생사가 달렸다면, 이것은 그저 기만적인 것뿐 아니라 생명을 앗아가는 행위이다.

만약 침묵이 사랑하는 사람을 죽도록 내버려 둔다면, 침묵은 진정한 사랑이 될 수 없다. 진정한 사랑은 사랑하는 사람이 마주하게 될 결과에 대해 더욱 신경 쓰는 것이다.

예슈아의 사랑

예수님은 조용한 사랑으로 우리를 사랑하시지 않았다. 그렇다. 예수님은 우리의 배고픔을 빵과 물고기로 채워 주셨다. 예수님은 우리 가운데 절름발이, 맹인, 병자들을 치유하셨다. 심지어 예수님은 우리의 아들과 딸을 죽은 자 가운데서 일으키셨다. 하지만 동시에 예수님은 우리에게 진리를 전하셨다. 그분은 우리에게 복음을 전하셨고, 이렇게 경고하셨다. "너희도 만일 회개하지 아니하면 다 이와 같이 망하리라"(눅 13:3) 예수님은 사랑으로 진리를 전할 때 우리가 어떻게 반응할지 아셨다. 예수님은 많은 이가 회개하고 자신을 영접할 것을 아셨고, 또 다른 많은 이가 자신을 욕하며 거부할 것을 아셨다. 그렇지만 예수님은 우리에게 진리를 전해야만 하셨다. 사랑은 예수님이 진리를 전할 수밖에 없도록 만들었다. 사랑은 예수님이 진리를 그저 담아 두고 있지 못하게 만들었다.

복음에 대해 침묵하는 것은 사랑이 아니다. 침묵은 내 민족의 구원을 해치는 원수이고 다른 모든 이들의 구원을 해치는 원수이다. 침묵은 대부분 두 가지의 안타까운 결과를 불러온다. 곧 우리가 사람들 앞에서 침묵을 선택함으로 그들에게 복음을 전하지 못하는 것과 우리가 하나님 앞에서 침묵을 선택함으로 하나님께 기도하지 못하는 것이다.

이사야 선지자는 그의 백성을 사랑했고 그들의 구원을 바랐다. 그래서 그는 이렇게 외쳤다.

> "나는 시온의 의가 빛 같이, 예루살렘의 구원이 횃불 같이 나타나도록 시온을 위하여 잠잠하지 아니하며 예루살렘을 위하여 쉬지 아니할 것인즉"(사 62:1)

14. "지금은 복음으로 마주할 때가 아니라 위로할 때이다"

나는 이런 말을 들었다.

> "지금 같은 때에 유대 민족에게 예수님을 전하는 것은 효과적이지 않다. 세상은 점점 더 유대인을 향해 적대적으로 변하고 있다. 주님을 전하는 것보다 위로의 말과 연대를 위한 행동이야말로 유대 민족에게 더욱 강력한 증거가 될 것이다."

이사야 40장을 보면, 하나님께서 백성을 향해 가지신 긍휼의 마음을 분명히 볼 수 있다. "너희의 하나님이 이르시되 너희는 위로하라 내 백성을 위로하라"(1절) 이렇게 우리가 위로하라는 명령을 받았다면 이런 질문을 해 봐야 한다. "어떻게 위로하지?" 이 위로는 어떤 방식으로 이루어져야 할까?

위에서 말한 이사야 40장의 구절을 보면, 위로하라는 명령 바로 다음에 말씀을 전하라는 명령으로 이어지는 것을 볼 수 있다. "너희는 예루살렘의 마음에 닿도록 말하며 그것에게 외치라" 사실 말씀이야말로 위로이다. 그렇다면 이 말씀은 무엇인가? 이사야 선지자는 그 당시 유다가 바빌론에 의해 하나님의 심판을 받는 때를 미리 예견하고 있었다. 그래서 이런 말씀으로 위로한 것이다. "그 노역의 때가 끝났고 그 죄악이 사함을 받았느니라 그의 모든 죄로 말미암아 여호와의 손에서 벌을 배나 받았느니라 할지니라 하시니라"(사

40:2)

　하나님께서 친히 평안이 왔고 죄로 인한 형벌이 끝났다고 선포하시는 것보다 더한 위로의 말이 있을까? 이것이 이사야 40:1~2를 통해 하나님께서 선언하는 말씀이다. 그리고 이 말씀은 몇 세기가 흘러도 변함이 없다.

　이것은 우리의 노역의 때가 끝났기에 우리가 하나님과 평안을 이룰 수 있다는 말씀이다.

　이것은 우리의 죄가 주님의 속죄 제물 되심을 통해 용서받았다는 선언이다.

　이것은 예슈아께서 우리의 죄를 위해 죽으시고 무덤에 묻히신 뒤 사흘 만에 죽은 자 가운데서 다시 살아나셨고, 이로 인해 우리의 죄가 용서받을 수 있고 하나님과 평안을 이룰 수 있다는 좋은 소식이다.

　이스라엘을 위로하는 것은 옳은 일이다. 하지만 말씀 없이 위로하는 것은 주님이 성경에서 보여주신 위로의 방식이 아니다.

행동이 말보다 약할 때

　이스라엘과 함께 서고, 반유대주의에 대해 반박하고, 도움과 사랑의 손길로 유대 민족에게 친절을 보이는 것, 이것들은 당연히 올바른 행위이다. 이 모든 행동이 증거가 되어 닫힌 마음들을 비집어 열어 하나님께로 가까이 데려오는 일에 쓰일 수 있다. 하지만 만약 크리스천이 이 정도의 증거로 충분하니 그 이상 더 할 필요가 없다고 생각하거나, 유대 민족은 이런 사랑의 행동만으로도 복음의 말씀을 이해할 것이라고 믿는다면 잘못 생각한 것이다.

　사랑과 친절을 담은 행동은 옳은 일이고 성경적인 것이다. 그리고 이 행동들은 분명히 증거의 일부가 될 수 있다. 하지만 사랑과 친절을 담은 행동만으로는 복음의 내용을 알릴 수 없다. 이 행동들은 복음의 내용을 몸소 보여 주거나, 사람들이 복음이 무엇인가에 대해 찾아보도록 만들어 준다. 사랑과 친절을 담은 행동은 사람들을 복음으로 이끌 수 있다. 그리고 이 행동들은 복음이 사실이라는 것을 뒷받침해 준다. 하지만 복음의 내용은 반드시 사람들에게 들려야 하고, 이해돼야 하며, 받아들여져야 한다.

만약 복음의 내용을 전하지 않고 그저 하나님의 사랑을 보이는 삶을 사는 것으로 충분하다면, 예수아께서는 삶을 통해 우리의 마음을 얻으실 수 있었을 것이다. 하나님께서 친히 이 땅에서 우리와 함께 걸으셨을 때 그 누가 하나님보다 더욱 거룩한 삶을 살았겠는가? 그런데도 그분은 복음을 전파하셨다. 예수아의 완벽한 삶조차 그 당시에 충분한 증거가 되지 못했다면, 어떻게 전혀 완벽하지 못한 우리의 삶이 충분한 증거가 된다고 생각할 수 있을까?

우리는 모두 불신자들에게 이 두 가지의 증거를 보여 줘야 할 책임이 있다. 우리의 입술을 통해 복음의 내용을 전해야만 하고 또 삶의 능력과 타인을 향한 사랑을 통해 복음의 진실성을 보여야만 한다. 하나님은 다양한 방법으로 우리를 타인의 삶 속에서 사용하신다. 그리고 어떠한 방법으로 사람이 믿음을 갖게 됐든지, 그 사람은 하나님의 구원하시는 사랑의 말씀을 들은 것이고 하나님의 자녀들을 통해 그 사랑을 맛본 것이며, 회개와 구원받는 믿음으로 하나님의 사랑에 반응한 사람이다.

우리가 주는 위로는 우리가 주기에 편한 위로일 때가 너무 많다. 그리고 그 위로는 괴로워하는 사람에게 필요한 위로가 아닐 수도 있다. 우리가 그 사람이 마땅히 받아야 할 것을 주지 않는다면(잠 3:27~28), 우리의 위로는 공허하고 불완전할 뿐이다. 그리고 심지어 우리로 인해 사람들이 괜찮지 않음에도 괜찮다고 생각하게 된다면, 우리의 위로는 잘못된 것이다. 하나님께서 이렇게 말씀하실 일이 결코 없길 바란다.

"그들이 내 백성의 상처를 가볍게 여기면서"(렘 6:14)

우리가 받은 위로

고린도후서 1장을 보면, 바울은 "하나님께 받는 위로로써"(4절) 다른 이들을 위로하는 책임에 관해 이야기한다. 이 책임은 위로의 말부터 긍휼이 담긴 행동 모두를 포함한다. 하지만 이게 전부일까?

주님을 아는 자로서 우리가 받은 가장 최고의 위로는 무엇인가? 우리가 줄 수 있는 최고의 위로는 무엇인가? 그것은 우리가 하나님과의 투쟁을 끝내고 하나님과의 평화를 누릴 수 있다는 것과 예슈아께서 우리 대신 십자가에서 치르신 값을 통해 죄를 용서받을 수 있다는 내용의 말씀이다.

어떻게 해서든지 더욱 커져 가는 고통 속에 사는 하나님의 백성들을 위로해 주어라. 이스라엘과 함께 서고 긍휼이 담긴 행동들을 통해 당신의 사랑을 보여라. 반유대주의에 큰 소리로 맞서라. 그리고 유대인 친구가 하나님께서 전하라고 명령하신 그 복음의 내용을 듣게 될 때까지 절대 쉬지 마라. 예슈아의 죽음과 부활을 통해 인류와 하나님 사이의 전쟁이 끝났고, 그분을 믿는 자들은 죄 사함받았다. 이것은 쉽게 베풀 수 있는 위로가 아니지만 내 민족이 받아야만 하는 위로이다.

15. "유대인 복음 전도는 히틀러가 시작한 일을 마치는 것이다"

나는 이런 말을 들었다.

> "유대인 복음 전도는 반유대주의적인 일이다. 유대 민족에게 복음을 전함으로 당신은 히틀러가 시작한 일을 완성하고 있다. 이것은 영적인 학살이고, 유대 민족을 영적으로 말살하는 것이며, 다른 이름과 다른 의미로 쇼아(홀로코스트)가 계속 이어지는 것이다."

어떻게 이것이 사실일 수 있겠는가? 예수님과 사도들은 우리 유대인에게 복음을 전했다. 사실, 모세와 모든 선지자도 우리 유대인에게 복음을 전했다(예: 사 53장). 그렇다면 모세와 선지자들, 사도들과 예수님이 유대 민족을 영적인 홀로코스트로 없애 버리려 한 영적인 나치 세력이란 말인가? 이것은 너무나 터무니없는 생각이다.

사랑과 긍휼로, 예슈아는 유대 군중들에게 말씀하셨다. "너희가 만일 내가 그인 줄 믿지 아니하면 너희 죄 가운데서 죽으리라"(요 8:24) 그리고 같은 맥락에서, 예수님은 유대인인 모든 사도에게 말씀하셨다. "나로 말미암지 않고는 아버지께로 올 자가 없느니라"(요 14:6) 사도 베드로는 유대 최고 법원인 산헤드린 공회에 이렇게 말했다. "천하 사람 중에(예수님을 제외하고) 구원을 받을 만한 다른 이름을 우리에게 주신 일이 없음이라"(행 4:12) 그리고 사도 바울은 복음은 구원을 주시는 하나님의 능력으로 "먼저는 유대인에게"(롬

1:16) 주어졌다고 말했다. 이런 성경 말씀들을 생각해 볼 때, 우리는 굉장히 불편하지만 매우 중요한 이 질문을 해 봐야 한다. "만약 위의 말씀들이 옳고 우리 유대인이 예수님을 믿지 않아서 죄로 인해 죽게 된다면, 반유대주의적 행동을 취한 것은 진정 누구일까? 복음을 전한 자인가 아니면 그 구원의 말씀을 전하지 않은 자인가?"

의도치 않은 반유대주의

하나님의 은혜로, 유대 민족을 향한 깊고 뜨거운 마음을 가진 크리스천들이 전 세계에 정말 많다. 그런데 안타깝게도 그들 가운데 어떤 이들은 예수님께서 친히 이 땅에서 3년 동안 가장 우선으로 생각하시고 열심히 이루어오신 사역을 맹렬히 비난하고 있다. 바로 이스라엘의 잃어버린 양들에게 복음을 전하는 그 사역에 대해 말이다. 아마 이 크리스천들은 유대인 복음 전도를 부정하는 것이 사랑하는 믿지 않는 유대인들에게 우정과 존중을 표하는 일이라고 믿을 것이다. 하지만 유대인 복음 전도를 부정하는 것은 우정이나 사랑의 행동이 아니라 오히려 크리스천이 저지를 수 있는 가장 사랑이 없고 반유대인적인 행동이다. 그들은 우리 유대인을 영적인 파멸에서 구해 줄 수 있는 유일한 사실을 차단하는 일을 옹호하고 있다. 그리고 그들이 이 일을 옹호하는 이유는 단지 우리가 유대인이기 때문이다!

유대인 복음 전도를 반대하는 크리스천이 반드시 반유대주의자라는 것은 아니다. 하지만 아들로 말미암지 않고는 아버지께로 올 자가 없다면, 유대인 복음 전도를 부정하는 일이 반유대인적인 행동이 아니면 무엇이겠는가? 이것은 반유대주의적 행동이다. 왜냐하면, 이 행동은 유대 민족의 영적인 파멸에 힘을 보태기 때문이다. 그리고 이런 영적인 파멸에 힘을 보태는 것이야말로 진정 쇼아를 이어가는 일이다.

어떤 이들은 "우리는 몰랐어요!"라고 말할 수도 있다. 하지만 이에 대한 성경 말씀이 분명한 것을 생각해 볼 때, 그 누가 무지함을 주장할 수 있을까? 만약 크리스천들의 눈에서 수건이 걷히게 되면 어떻게 될까? 예수님이 없으면 우리 유대인이 다른 이들처럼 영원한 파멸을 마주한다는 것을 성경을 통해 분명히 깨닫게 되면 어떻게 될까? 그런데도 만약 크리스천이 침묵을 지키거나 심지어 계속해서 유대 민족을 구원하시는 하나님의 말씀을 전하는 것을 부정한다면 어떻게 될까?

어떤 의사가 환자들이 그저 유대인이라는 이유로, 그들의 생명을 살릴 수 있는 치료를 해 주지 않는다면, 그 의사는 유대인의 친구일까?

나는 불신자들이 유대인 복음 전도는 홀로코스트를 이어가는 것이라고 말하는 것은 이해할 수 있다. 그들은 복음이 우리 유대인에게 혐오스럽고 해롭다고 착각하고, 우리 민족을 보호한다고 생각한다. 나는 복음에 대한 이런 비난이 사실이 아니란 것을 알면서도 이 비난을 이용하는 불신자들도 이해할 수 있다. 그들은 이런 비난을 통해 감정을 자극함으로, 두 가지의 반선교적 목표를 이룰 수 있다는 것을 안다. 바로 크리스천들이 복음을 전하는 것을 두려워하게 만들고 유대인들이 크리스천이 전하는 말을 듣는 것을 두려워하게 만드는 것이다.

하지만 예수님을 믿는 신실하고 자각 있는 성도들은 어떨까? 성경의 말씀을 이해하는 진실한 크리스천이지만, 유대인 복음 전도는 반유대주의적 행동이라는 주장에 동조하거나, 침묵을 지킴으로 이 주장을 옹호하는 자들은 어떨까? 유대 민족이 그들을 향한 하나님의 사랑의 말씀을 증오의 말씀으로 생각하도록 내버려 두는 성도들은 어떨까?

예수님을 믿는 진실한 성도가 이런 비양심적인 실수를 저지르는 이유는 무엇일까? 큰 이유 중 하나는 사랑하는 사람들에게서 받게 될 거절에 대한 두려움이다. 이에 대해서는 뒤에서 자세히 다룰 예정이다. 그리고 또 다른 매우 강력한 이유는, 바로 우리가 원하는 진실과 우리가 아는 진실 간의 갈등에 있다.

내가 원하는 것을 성경보다 높이 두는 것

종종 우리의 믿음은 개인적인 바람에서부터 시작된다. 우리는 성경을 공부하는 것보다 먼저 우리의 마음에 귀를 기울인다. 이런 식이라면, 우리는 신의 존재를 부정하는 무신론자와 다를 게 없다. 성경의 말씀이 모호하거나 증거가 부족하기 때문이 아니라 우리가 원하는 진실에 믿음을 세우기 때문이다.

우리는 자주 속으로 유대인 복음 전도가 불필요한 일이길 바란다. 유대인은 복음이 필요 없다며 자신을 위안하는 생각은 유대 민족이 영적인 비탈길에서 벗어났다고 믿게 해 준다. 이 생각은 이스라엘의 구원을 위해 기도하지 못한 것에 대한 우리의 가책을 지워 준다. 그리고 이 생각은 사람들이 싫어하는 일을 공개적으로 지지하는 것이 내키지 않고 힘들 때 우리의 마음을 평안하게 만들어 준다. 또한, 이 생각은 하나님께서 복음을 전할 기회를 주실 때 그 기회를 거절하고 복음을 전하지 않는 것에 대한 우리의 죄책감을 덜어 준다. 우리는 유대인 복음 전도가 불필요한 일이길 바란다. 그래서 우리는 신학을 성경의 말씀에 먼저 근거해 만들기보다는 우리의 바람에 맞추고, 성경을 무시한 채 우리의 태도를 정당화하고 확증한다.

여기서 나의 진심 어린 경고를 전한다.

교회는 지난 수십 년간 자신의 바람에 맞춘 신학을 적어도 두 배나 만들어 냈고, 유대 민족에게 물리적이고 영적인 해를 끼치는 일에 이바지했다. 80년 전, 자신을 크리스천이라고 부르던 모든 남성과 여성은 파시즘의 반유대주의적 정책들을 적극적으로 지지하거나 침묵으로 묵과했다. 그리고 이후에도 이들은 성경 말씀을 선택적으로 오용하고 남용함으로 그들의 태도를 신학적으로 정당화했다. "구약의 선지자 이사야가 유대인들을 '범죄한 나라요 허물 진 백성이요 행악의 종자요'(사 1:4)라고 부르지 않았는가?" 이들은 이렇게 주장한다. "그리고 신약에서 '너희는 너희 아비 마귀에게서 났으니'(요 8:44)라고 말하지 않는가?" 이렇게 잘못 응용된 성경의 말씀들은 그들의 마음에 미리 세워진 바람을 옹호하기 위해 사용되었다.

현재 교회 내 일부가 유대인 복음 전도를 비난하고 있다. 그리고 이전에 그랬던 것처럼, 오늘날도 성경 말씀을 선택적으로 오용함으로 그들의 비난을 신학적으로 정당화한다. "구약에서 유대인들은 '선택받았다'고 하지 않았나? 그리고 바울이 온 이스라엘이 구원받을 것이라 말하지 않았나?"

이렇게 마음속의 바람을 따르는 모습은 80년 전 내 민족의 3분의 1을 버리고, 배신하고, 말살하도록 이끈 신학을 만들어 냈다. 그리고 오늘날 그 당시와 동일한 모습이 유대 민족의 영적인 생명을 막대한 위험에 몰아넣고 있다. 얄궂게도 이 첫 번째 사례가 노골적인 증오로 인해 일어난 것이라면, 오늘날은 사랑의 이름으로 일어나고 있다.

만약 우리가 유대인 복음 전도를 반유대주의적이라고 비난한다면, 역사상 가장 위대한 유대인 전도자이신 메시아 예수아를 비난하는 꼴이 아닌가? 만약 유대인 복음 전도를 통해 홀로코스트가 영적으로 지속되는 것이라고 낙인찍는다면, 이스라엘 백성을 사랑하고 구원하기 원하시는 예수님을 파멸자로 낙인찍는 꼴 아닌가?

이런 나의 말에 찔리는 사람들이 있을 것을 안다. 특히 교회가 나치 정권을 적극적으로 지지하거나 묵과함으로 그들과 결탁한 것에 대해 슬퍼하는 사람이라면 더욱 그럴 것이다. 하지만 주님 안에서 같은 형제이자 유대인인 나의 말에 귀를 기울이는 편이 좋을 것이다.

"친구의 아픈 책망은 충직으로 말미암는 것이나"(잠 27:6)

16. "유대인 복음 전도는 유대교를 향한 공격이다"

나는 이런 말을 들었다.

> "유대인 복음 전도는 유대인들을 개종시키려는 것이다. 그러므로 이것은 유대 믿음을 공격하는 것이다. 이것은 편협하고 무자비하고 오만한 모욕이다. 심지어 이것은 침략 행위로써 유대인의 존속을 위태롭게 하는 것이다."

우리가 진리를 전하는 것이 어째서 편협한 일인가? 우리가 사랑으로 진리를 전하는 것이 어째서 무자비한 일인가? 우리가 직면한 위험 앞에서 목숨을 구해 준 그 구원의 진리를 받아들이도록 간청하는 것이 어째서 오만한 일인가? 그리고 유대 민족에게 이스라엘의 소망이 오셨음을 전하는 것이 어째서 침략 행위인가?

개종에 대한 어두운 역사

나는 유대 민족을 개종하려는 노력에 대해 반사적으로 적대적인 반응을 보이는 것을 충분히 이해할 수 있다. 강제 세례의 모습들, 고문을 통한 고백, "개종"할 것이지 죽을 것인지를 묻는 최후통첩, 개종했음에도 혹시 몰라서 유대인들을 죽였던 사례들. 유대인의 목숨을 위협하는 크리스천들의 핍박으로 새겨진 역사가 유대인의 마음속에 선명히 남아 있기 때문이다. 나는 교회가 과거 유대 민족을 개종시키기 위해 사용한 사악하고 극악무도한 행위들을 되살리는 것을 지지하지 않는다.

유대인 선지자들이 말한 성경적인 개종은 "돌아서는 것"이 관건이다. 생각과 마음의 방향을 바꾸는 것이다. 우리는 자멸로 향하는 길에서 벗어나 하나님께 돌아오라는 부름을 계속해서 받는다.

> "그런즉 너는 이스라엘 족속에게 이르기를 주 여호와의 말씀에 너희는 마음을 돌이켜 우상을 떠나고 얼굴을 돌려 모든 가증한 것을 떠나라"(겔 14:6)

> "너희는 돌이켜 회개하고 모든 죄에서 떠날지어다 그리한즉 그것이 너희에게 죄악의 걸림돌이 되지 아니하리라"(겔 18:30)

> "이스라엘 족속아 돌이키고 돌이키라 너희 악한 길에서 떠나라 어찌 죽고자 하느냐"(겔 33:11)

성경적인 개종은 영적인 회복을 목표로 한다. 그에 반해서 과거 우리에게 행해진 비열한 행위들은 교회의 목적이 유대 민족의 성경적인 개종이 아니라 견제와 지배라는 것을 보여 준다.

개종은 마음의 문제이다. 사람들은 하나님의 사랑에 반응하고 하나님의 용서하심을 받고, 불신을 버리고 하나님께 다시 돌아온 후에야 "개종"될 수 있다. 마음의 변화는 마음을 향한 호소를 통해 이루어지는 것이지 서로가 가진 신앙을 겨룸으로 이루어지는 것이 아니다. 교회는 반드시 유대인을 개종시키기 위해 사용했던 악한 사고방식과 방법을 버려야 한다. 하지만 교회는 하나님께서 주신 사명, 곧 유대인을 포함한 모든 이를 사랑으로 구원하신다는 하나님의 말씀을 전하는 사명을 절대 버려선 안 된다.

유대교가 공격받는다?

유대인 복음 전도는 현대 유대교를 공격하는 것이 아니다. 다만 이것은 우리가 구원받을 수 있는 방법에 대해 생각해 볼 때, 과연 유대교가 적합한 방법인지를 생각해 보게 한다. 복음의 말씀은 현대 유대교가 어떤 형식을 갖추고 있든지, 이를 통해 하나님의 용서를 받을 수 있고 죄의 힘에서 자유로울 수 있다는 생각에 의문을 제기한다. 물론 복음이 현대 유대교에만 이런 의문을 제기하는 것은 아니다. 복음은 어떠한 종교든, 철학이든, 삶의 방식이든지 죄의 문제에 대한 해결책을 줄 수 있다는 생각에 의문을 제기한다. 성경은 복음만이 "먼저는 유대인에게요 그리고 헬라인에게"(롬 1:16) 구원을 주시는 하나님의 능력이라고 말씀한다.

솔직히 이런 의문들은 오래전부터 제기되어 왔다. 하나님은 이방인들이 거짓 신들에게 품은 헛된 소망에 대해 분명하게 질책하셨다. 예를 들어, 이사야 45:16을 보면, 하나님은 이렇게 선포하신다. "우상을 만드는 자는 부끄러움을 당하며 욕을 받아 다 함께 수욕 중에 들어갈 것이로되"

유대인들이 스스로 정한 의례와 가르침을 신뢰하는 것에 대해서도, 하나님은 동일하게 엄중히 질책하셨다.

> "이 백성이 입으로는 나를 가까이 하며 입술로는 나를 공경하나 그들의 마음은 내게서 멀리 떠났나니 그들이 나를 경외함은 사람의 계명으로 가르침을 받았을 뿐이라"(사 29:13, 다른 예: 마 15:8~9)

심지어 하나님은 친히 모세를 통해 주신 규례들에 대해서도, 우리가 이것들을 위선적인 마음으로 실천하는 것을 보시고는 가차 없이 질책하셨다. 이사야서에서 하나님은 이렇게 선포하신다.

> "너희의 무수한 제물이 내게 무엇이 유익하뇨 나는 숫양의 번제와 살진 짐승의 기름에 배불렀고… 월삭과 안식일과 대회로 모이는 것도 그러하니 성회와 아울러 악을 행하는 것을 내가 견디지 못하겠노라 내 마음이 너희의 월삭과 정한 절기를 싫어하나니"
> (사 1:11, 13~14)

이 말씀들은 성경 속 유대교를 공격하는 것이 아니다. 다만 이스라엘 백성의 위선과 형식적인 종교적 의례로 충분하다는 믿음이 만들어 낸 폐단을 보여 주는 것이다.

바울 또한 그가 사랑한 율법 자체가 아닌 율법으로 구원받을 수 있다는 사고방식에 대해 질책했다. "우리는 본래 유대인이요 이방 죄인이 아니로되 사람이 의롭게 되는 것은 율법의 행위로 말미암음이 아니요 오직 예수 그리스도를 믿음으로 말미암는 줄 알므로"(갈 2:15~16)

열심 있는 유대인이었던(행 22:1~3) 바울은 율법의 목적이 우리를 주님께로 인도해 믿음으로써 의롭다 함을 얻게 해 주는 것임을 인정함으로 율법의 무결성을 인정했다. 하지만 바울은 율법이 그 이상의 목적을 이룰 수 있다는 주장에 대해서는 반박했다. 바울은 성경 속 유대교를 통해 충분히 구원받을 수 있다는 주장에 대해 반박한 것이다.

성경 속 유대교의 핵심은 예루살렘 성전에서 율법에 기록된 제사를 드렸던 제사장의 직분에 달려 있다. 오늘날에는 제사장도 없고 제사도 없으며 성전도 존재하지 않는다. 유대교의 핵심이 사라진 것이다. 성경 속 유대교가 그 핵심이 온전한 상태에서도 구원을 주지 못했는데, 어떻게 현대 유대교가 핵심이 사라진 상태에서 성경 속 유대교가 하지 못한 일을 이룰 수 있겠는가?

현대 유대교는 구원을 줄 수 없다고 부드럽지만 분명하게 말하는 것은 현대 유대교를 공격하는 것이 아니다. 이것은 단지 현대 유대교가 우리와 하나님과의 관계를 회복할 수 있다는 생각에 의문을 제기하는 것이다.

앞서 스티브 코헨이 어린 시절 친구에게 예슈아가 재림하시기 전 예슈아를 믿으라고 간절히 이야기했던 일을 말했다. 언젠가 한 번은 스티브와 함께 한 유대인 사업가의 사무실을 방문했던 적이 있었다. 그 사업가가 함께 점심을 먹자며 초대했기 때문이었다. 사업가는 대화 초반부터 스티브에게 직설적인 질문을 던졌다. "삶에 무슨 나쁜 일이 있어서 예수를 믿게 되었습니까? 당신이 찾으려 한 것이 무엇인지, 유대교에서는 찾을 수 없다고 생각한 것이 무엇인지가 궁금합니다."

나는 스티브의 상냥하지만 솔직했던 대답을 기억한다. 그는 이렇게 말했다. "제가 찾을 수 없었던 것은 아브라함과 이삭과 야곱의 하나님과의 살아 있는 관계입니다."

이것은 현대 유대교를 공격하는 것이 아니었다. 이것은 현대 유대교가 죄에서 우리를 구원하고 하나님과의 관계를 회복할 수 있다는 것에 대해 의문을 제기한 것이다.

유대교는 우리에게 이스라엘의 하나님과의 친밀하고 영원한 관계를 줄 수 없다. 그 외 다른 어떤 신앙의 규례나 체계도 마찬가지이다. 구원은 오직 한 분에게서 찾을 수 있다. 바로 예수님이다.

"나 곧 나는 여호와라 나 외에 구원자가 없느니라"(사 43:11)

유대인들이 공격받는다?

하지만 유대인 복음 전도는 유대 민족의 존재를 공격하는 것이 아닌가? 유대인 복음 전도는 우리 유대인을 흡수하고 사라지게 하지 않았나? 역사는 우리에게 절대 반박할 수 없는 놀라운 사실을 가르쳐 준다. 바로 우리 유대인이 항상 고유한 민족으로서 존재해 왔다는 것이다. 우리가 이토록 변하지 않은 채 존재할 수 있는 것은 어떤 이들이 말하는 것처럼, 도덕적 우수성이나 문화적 회복력, 지적인 기량 때문이 아니다. 우리의 존재는 택함받은 백성을 향한 하나님의 한량없는 사랑과 자신의 말씀에 대한 하나님의 신실하심을 토대로 한다.

> "여호와께서 이와 같이 말씀하시니라 위에 있는 하늘을 측량할 수 있으며 밑에 있는 땅의 기초를 탐지할 수 있다면 내가 이스라엘 자손이 행한 모든 일로 말미암아 그들을 다 버리리라 여호와의 말씀이니라"(렘 31:37)

하나님께서 왜 우리 민족을 항상 보존해 주실 것인지를 설명해 주는 또 다른 이유가 있다. 그것은 바로 신실한 남은 자들 때문이다. 유대 전설에는 라메드바브니크(lamedvavnik) 즉 36명의 의인이라는 것이 있는데, 어느 세대든지 이 36명의 의인 덕분에 세상은 멸망하지 않는다고 한다. 비록 이것은 전설에 불과하지만, 성경적 진리를 담고 있다.

하나님께서 이 민족을 보존하시는 이유는 남은 자들을 위해서이기도하다. 또 하나님은 이사야를 통해 이렇게 말씀하신다.

> "만군의 여호와께서 우리를 위하여 생존자를 조금 남겨 두지 아니하셨더면 우리가 소돔 같고 고모라 같았으리로다"(사 1:9)

예슈아를 믿는 믿음은 유대 민족의 존재를 위협하는 것이 아니라 유대인으로서의 우리 정체성을 확증하는 것이다. 하나님은 예수님을 믿는 우리의 믿음을 통해 우리를 구원하셨고 또한 그 동일한 믿음을 통해 우리 유대인의 정체성을 더욱 확고하게 해 주신다. 예슈아를 믿는 유대인은 대개 그들의 유대적 유산과 뿌리에 대해 더욱 강한 유대감을 느낀다. 우리는 예수님께 나아감으로, 우리가 고향에 왔음을 알게 된다. 명칭만 바뀔 뿐 메시아닉 유대교는 전혀 새로운 것이 아니다. 우리가 신약을 잘 알고 있다면 당연히 예수님을 따른 초기 성도들이 유대인이었다는 것과 그들이 계속해서 자신을 유대인으로 여겼다는 것을 알 것이다. 사도 바울은 예수님을 믿고 나서 수십 년이 지난 후, 예루살렘에 있는 동족들에게 이렇게 선포했다. "나는 유대인으로 길리기아 다소에서 났고 이 성에서 자라"(행 22:3) 이것은 잘 알려지지 않은 사실인데, 바로 자신을 온전히 유대인으로 여기는 유대인 성도들은 언제나 존재해 왔고, 그들은 자손들에게도 자신들의 정체성에 대해 전해 주었다는 것이다. 오늘날 전 세계에서 메시아닉 공동체가 늘어나고 있다는 사실은 예슈아를 믿는 우리의 믿음이 유대인으로서의 정체성을 약하게 만들지 않는다는 것을 확증해 준다. 사실 이 믿음은 우리의 정체성을 더욱 확고하게 해 준다.

어떻게 그렇지 않을 수 있겠는가? 예수님은 히브리어 성경 전체를 통해 유대인 메시아로서 약속되신 분인데 말이다. 최종적으로 이렇게 정리할 수 있다. 만약 예수님이 정말 유대인 메시아라면, 우리 유대인이 할 수 있는 가장 유대적인 것은 바로 예수님을 믿는 것이다. 예수님을 믿는 믿음은 유대 민족을 사라지게 하지 않는다고 확실히 말할 수 있는 또 다른 이유가 있다. 세상에서 복음의 증거자가 되라는 피할 수 없는 사명이 우리 삶에 주어졌기 때문이다. 하나님께서 우리 유대인을 창조하신 것은, 우리를 어둠에서 건지시고 경이로운 빛으로 인도하신 분의 선하심을 선포하게 하시기 위함이다. 하나님은 우리가 열방에 복음의 빛이 되도록 부르신 것이다. 이것이 이스라엘이 받은 단 하나의 민족적 사명이다. 그리고 사도 바울에 따르면, 이 사명은 철회된 적이 없다. "하나님의 은사와 부르심에는 후회하심이 없느니라"(롬 11:29) 하나님은 우리의 특별한 사명을 이룰 수 있도록, 우리를 한 고유한 민족으로서 지켜 보호해 주셨다. 유대인이 전 세계에서 유대인으로서 복음을 전할 그 날은 반드시 올 것이다. 하지만 이 사명을 이루기 위해서는 먼저 예수님을 믿는 믿음이 필요하다. 그리고 예수님을 향한 우리의 믿음은 유대인 선교사들이 전 세계에서 좋은 소식을 전하는 그 날이 올 것을 확실히 보증해 준다.

17. "홀로코스트는 유대인 복음 전도를 불가능하게 만들었다"

나는 이런 말을 들었다.

> "홀로코스트의 참혹함은 사실상 크리스천이 유대인에게 믿음을 전하는 일을 불가능하게 만들었고, 유대 민족이 믿음을 가지는 것을 불가능하게 만들었다. 이 안타까운 두 가지 사실을 생각해 볼 때, 하나님은 유대 민족에게 예슈아를 믿지 않는 것에 대한 책임을 묻지 않으시고, 크리스천에게도 유대인 친구와 지인, 친척들에게 믿음을 나누지 않은 것에 대한 책임을 묻지 않으실 것이다."

유월절마다 지키는 전통이 하나 있다. 유월절 식사인 세데르(seder)에서 가장 어린아이가 네 가지 질문을 던지면 나머지 사람들이 대답을 해 줘야 한다. 이 전통을 빌려서, 우리가 외면하고 싶은 네 가지 질문을 해 보려 한다.

1) 홀로코스트가 유대 민족이 복음을 듣고 믿는 것을 불가능하게 만들었나?

하나님은 성경을 통해 주님의 이름 이외에 다른 이름에는 구원이 없음을 명백히 밝히셨다. 그러므로 만약 홀로코스트로 인해 유대 민족이 복음을 듣지 못하고, 구원받을 수 있는 유일한 이름을 믿지 못하게 되었다면, 이는 반유대주의자들이 승리한 것이다. 그들은 유대인이 예수님의 이름을 부르지 못하도록 만듦으로 이스라엘의 영적인 말살을 이루는 데 성공했다. 그들은 이방인의 죄가 하나님의 주권적인 뜻보다 더욱 강하다는 것을 증명했고, 반유대주의가 하나님의 구원의 능력을 무력화시킬 수 있다는 것을 증명했다.

이것은 끔찍한 생각들이다. 하나님의 계획은 결코 좌절될 수 없다. 그리고 하나님은 여전히 구원을 베푸시는 전능하신 하나님이시다. 성경은 분명하게 말씀한다.

> "만군의 여호와께서 경영하셨은즉 누가 능히 그것을 폐하며 그의 손을 펴셨은즉 누가 능히 그것을 돌이키랴"(사 14:27)

그리고 성경이 이렇게 증언한 것을 역사가 다시금 확언해 준다. 홀로코스트의 역사를 통해서도 말이다. 나는 당신이 맨프레드와 로라 베르트하임, 라흐미엘 프리들랜드, 베라 슐람, 엘레이저 에르바흐, 로즈 프라이스, 카를 플레슈에게 홀로코스트로 인해 유대 민족은 믿음을 가질 수 없게 되었는가 아닌가를 물어볼 수 있었으면 좋겠다. 이들은 지옥 같은 홀로코스트의 불길을 지나왔지만 그럼에도 예슈아를 믿게 된 사람들이다. 홀로코스트 이후 수십 년간 수천수만 명의 유대인이 믿음을 갖게 된 것을 어떻게 설명할 수 있고, 오늘날에도 전 세계 곳곳에서 유대인들이 믿음을 갖게 되는 것은 어떻게 된 일인가? 홀로코스트의 참상에도 불구하고, 유대인 남성, 여성, 아이들은 모두 그들의 마음을 유대인 메시아이신 예수님께 드리고 있다. 홀로코스트가 우리 유대인이 복음을 받아들이고 구원받는 일을 불가능하게 만들었다는 말은 현실을 부정하는 것이다. 홀로코스트 이후에 나타난 진정한 사실은, 유대인들이 매일같이 예수님을 영접하고 있다는 것이다.

2) 홀로코스트가 유대 민족이 예슈아를 믿지 않아도, 그에 대한 책임을 지지 않도록 해 주는가?

믿음을 갖게 된 홀로코스트 생존자들의 이야기는 하나님의 신실하심에 대한 놀랍고도 엄청난 증언이다. 하지만 홀로코스트를 핑계 삼아 예슈아의 말씀을 전하지 않는 사람들에겐 이 이야기들이 정신을 번쩍 들게 만드는 고소장과 같을 것이다. 그 누구도 주님 앞에서 이렇게 말할 수 없다.

"홀로코스트는 저 자신을 비롯한 우리 유대인들 대부분이 복음을 받아들이지 못하게 만들었습니다." 이렇게 말할 수 없는 이유는 무엇인가? 바로 수많은 이들이 그들이 견뎌야 했던 모든 아픔에도 불구하고, 복음을 받아들이고 믿었기 때문이다.

홀로코스트가 우리 마음에 얼마나 큰 상처를 주었는지와는 상관없이, 우리는 악한 자들이 예수님의 가르침과 완전히 반대로 행동한 것에 관해서 예수님을 비난할 수 없다. 우리가 가스실을 건설하게 해 준 공학 기술을 탓할 수 없는 것처럼 홀로코스트에 관해 예수님을 탓할 수 없다.

하지만 그렇다고 해서 유대인이 가진 어려움을 무시하려는 것은 아니다. 홀로코스트로 인해, 우리 유대인 대부분은 복음을 객관적으로 받아들이기가 굉장히 어렵다. 홀로코스트가 세운 큰 장벽 중 하나는 이것이다. 바로 우리 자신의 죄를 인정하는 것을 더욱 어렵게 만든 것이다. 복음의 중심은 회개하고, 우리가 저버렸던 하나님께 용서함을 받으라는 외침이다. 하지만 홀로코스트로 인해 유대인 대부분은 자신들을 "죄인"이 아닌 "무고한 피해자"로 여기고 있다.

오랜 역사 속에서 유대인은 피해자였다. 이것은 부인할 수 없는 사실이다. 그리고 오늘날까지도 우리는 여전히 미디어와 정치계, 일부 교회들, 우리를 바닷속으로 내몰기를 원하는 테러리스트들에 의해서 부당한 괴롭힘을 받고 있다.

그런데 우리는 정말 무고한 피해자일까? 그렇기도 하고 아니기도

하다. 수 세기 동안 반유대주의자들이 일으킨 거짓된 비난들과 범죄들에 대해서 우리는 당연히 결백하다. 우리 유대인만이 메시아의 죽음에 대한 책임이 있다는 것과 우물에 독을 탄다는 것, 유월절에 먹는 누룩 없는 빵인 맛짜(matzahs)를 만들 때 크리스천의 피를 넣는다는 것, 세계를 정복한다는 국제적 음모를 꾀한다는 등의 거짓 비난들에 대해서 말이다. 그런데 우리가 이런 비난들에 대해서는 결백하지만, 우리는 여전히 죄로 인해 하나님과 끊어진 상태이다. 왜 그런 걸까? 바로 모두 죄를 지었기 때문이다. 우리 중 가장 독실한 자들도 말이다. "선을 행하고 전혀 죄를 범하지 아니하는 의인은 세상에 없기 때문이로다"(전 7:20)

홀로코스트로 인해, 우리 유대인이 다른 사람들처럼 하나님 앞에서 죄를 지었고 그래서 회개해야 한다는 사실을 받아들이는 것은 매우 어렵다. 홀로코스트는 어마어마한 장벽을 만들어 냈다. 하지만 그렇다고 해서 무너뜨릴 수 없는 철벽은 아니다. 기도하며 선포하는 크리스천들의 아름다운 간증과 찔러 쪼개시는 하나님의 말씀의 능력, 우리의 마음을 깨우치고 믿을 수 있도록 도와주시는 성령을 통해 이 벽을 무너뜨릴 수 있다.

3) 홀로코스트가 크리스천이 유대 민족에게 믿음을 전하는 일을 불가능하게 만들었나?

홀로코스트가 유대 민족에게 믿음을 전하는 일을 더 어렵게 만들었을진 몰라도, 절대 불가능하게 만들지는 않았다. 그리고 큰 어려움이 있을수록 더 큰 은혜가 임하는 법이다. 하나님은 이방인들을 유대 민족에게 믿음을 나누는 중요한 전달자로서 자주 사용하셨다. 심지어 독일과 폴란드, 구소련과 같은 나라 안에서도 말이다. 하나님은 메시아닉 유대인과 비유대인 크리스천이 각자 다르긴 하지만 상호 보완적인 방법을 통해 유대인을 주님께로 인도하도록 사용하셨다. 그리고 명백한 사실은 하나님께서 신실하고 긍휼이 많은 크리스천들을 사용하심으로 그들이 주님의 사랑을 나타낼 뿐만 아니라 복음을 전하며 유대 민족에게 메시아를 소개하도록 하신다는 것이다.

이제까지 유대인에게 일어났던 일들을 생각해 볼 때, 어떻게 이런 일이 이루어질 수 있을까? 바로 은혜를 통해서다. 당신과 나는 이방인이 유대 민족에게 효과적인 복음 증거자가 되는 일은 절대 불가능하다고 생각할 수 있다. 하지만 알다시피, 우리에겐 불가능한 것이 하나님께는 불가능하지 않다. 하나님은 한결같이 불가능해 보이는 방법들을 사용하심으로 결국엔 오직 하나님만이 영광을 받도록 하셨다.

하나님은 이방인을 통해 유대 민족을 믿음으로 인도해 오셨다. 홀로코스트 이후의 세상에서도 말이다. 우리는 이 사실을 경이롭게 여길 수는 있어도, 결코 부인하거나 의심해서는 안 된다. 그리고 이 사실을 생각해 볼 때, 우리는 이 마지막 질문을 던져야 한다.

4) 홀로코스트가 크리스천이 오늘날 유대 민족에게 주님을 증거하지 않아도, 그에 대한 책임을 지지 않도록 해 주었나?

앞서 말한 것처럼, 교회가 이스라엘에 확실하고 친절한 증거자가 되지 못했기 때문에 유대 민족이 크리스천을 향해 귀를 여는 것은 더욱 어려운 일이 됐다. 하지만 어려움이 커졌다고 하나님이 주신 책임이 사라지는 것은 아니다. 단지 교회가 과거에 복음을 올바르게 보여 주지 못했기 때문에 오늘날 바르게 증언해야 하는 책임에서 벗어날 수 있는 것은 아니다. 사실, 나는 교회가 과거에 아주 비참하게 실패했기 때문에, 오늘날에는 더욱 분명하고 올바르게 전해야 하는 의무가 있다고 생각한다.

우리가 과거의 죄를 변명 삼아 오늘날에도 죄를 짓는다면, 그것은 정말 끔찍한 일이다. 성도들이 이스라엘을 사랑하고 이스라엘의 평안을 위하지만 정작 하나님께서 이스라엘에 전하길 원하시는 말씀을 선포하지 않음으로 그 사랑을 나타내지 않는 것에 대해 성경은 매우 엄중히 경고한다.

> "인자야 내가 너를 이스라엘 족속의 파수꾼으로 삼음이 이와 같으니라 그런즉 너는 내 입의 말을 듣고 나를 대신하여 그들에게 경고할지어다 가령 내가 악인에게 이르기를 악인아 너는 반드시 죽으리라 하였다 하자 네가 그 악인에게 말로 경고하여 그의 길에서 떠나게 하지 아니하면 그 악인은 자기 죄악으로 말미암아 죽으려니와 내가 그의 피를 네 손에서 찾으리라"(겔 33:7~8, 다른 예:3:17~18)

이 말씀은 에스겔에게 말씀하신 것이지만, 오늘날의 성도들에게도 동일하게 적용된다. 사실 이 말씀은 모든 성도가 유대 민족뿐만 아니라 좋은 소식을 들어야 하는 모든 이들에게 증거자가 되어야 한다는 책임을 전해 준다. 바울은 이 말씀이 현세대의 성도들에게 주어진 경고임을 명확하게 이해했다. 그래서 바울은 복음을 저항하며 주님의 이름을 모독하는 고린도의 유대인들에게 이 에스겔서의 말씀을 말해 주었다. 성경은 이렇게 말씀한다. "바울이 옷을 털면서 이르되 너희 피가 너희 머리로 돌아갈 것이요 나는 깨끗하니라"(행 18:6) 이 말은 욕설이나 저주가 아니라 신학적 진리에 대한 엄숙한 선언이었다. 바울의 책임은 그 사람들이 믿도록 설득하는 것이 아니었다. 그의 책임은 복음을 분명하고 성실하게 끊임없이 전함으로 그들이 복음을 받아들일지 거절할지 스스로 선택할 수 있도록 하는 것이었다. 만약 바울이 침묵했다면, 에스겔서에서 경고한 것처럼, 그들의 피는 바울의 머리로 돌아갔을 것이다. 하지만 바울은 복음을 전했기 때문에 깨끗했다. 분명히 바울은 에스겔서의 경고가 자신에게 적용된다는 것을 믿었고 그 원칙을 마음에 새겼다. 그리고 마찬가지로 우리 또한 그렇게 해야 한다.

18. "이방인은 유대인에게 복음을 증거할 수 없다"

나는 이런 말을 들었다.

"우리 비유대인 크리스천은 유대 민족에게 우리의 믿음을 효과적으로 전할 수 없다. 메시아닉 유대인과 같은 신뢰성이 없기 때문이다. 그리고 사실 이 일은 딱히 우리의 책임도 아니다. 우리는 그저 유대인들을 시기 나게 하라는 말을 들었을 뿐이다."

비유대인 크리스천이 유대인에게 효과적으로 믿음을 전할 수 없다는 생각은 결코 사실이 아니다. 만약 메시아닉 유대인들에게 하나님께서 그들의 믿음의 여정 동안 비유대인 크리스천들을 중요하게 사용하셨는지 물어본다면, 그들은 분명하게 '그렇다.'고 대답할 것이다. 그렇다면 "이방인은 효과적이지 않다."는 생각은 어떻게 생겨났을까? 이러한 생각은 신뢰성에 대한 잘못된 개념으로 인해 생겨났다.

"분명 유대인이 동족 유대인에게 더 효과적으로 복음을 전할 수 있을 겁니다. 그렇지 않나요?" 꼭 그렇지만도 않다. 보통 우리 메시아닉 유대인은 다른 유대인들에게 신뢰 있는 사람이 되지 못한다. 우리는 그들에게 배신자로 보여지는데, 배신자를 좋아할 사람은 아무도 없기 때문이다. 사실, 정통 유대인 공동체에서 높은 지위의 사람일수록 예수님을 믿게 되었을 때 신뢰를 더욱 많이 잃게 되는 일들을 볼 수 있다. 하나님께서 다소에서 태어나고 가말리엘의 학생이었던 사울을 우리 유대인의 사도로 세우지 않으셨던 것을 기억하라.

사실 주님은 사울에게 예루살렘의 군중이 주님에 관한 그의 증언을 받아들이지 않을 것이라고 미리 경고해 주시기도 했다(행 22:18). 하나님은 사울이라는 뛰어난 랍비가 아닌 베드로라는 평범한 어부를 사용하셨다.

사도 바울로 더 잘 알려진 랍비 사울은 구전에 따르면, 보기에 허약하고 볼품없는 사람이었다고 한다. 하지만 하나님께서 미와 힘을 숭배하는 이방 세계에 복음을 전하도록 보낸 사람은 바로 이 바울이었다.

하나님은 왜 약하고 볼품없는 지식인을 힘과 외모를 찬양하는 세계에 사도로 보내셨을까? 그리고 왜 하나님은 육체 노동자인 어부를 유대인 종교 지도자들에게 사도로 보내셨을까?

바로 하나님만이 홀로 영광을 받도록 하시기 위함이다.

> "하나님께서 세상의 미련한 것들을 택하사 지혜 있는 자들을 부끄럽게 하려 하시고 세상의 약한 것들을 택하사 강한 것들을 부끄럽게 하려 하시며"(고전 1:27)

놀라운 동역 관계

이방인 크리스천은 유대인에게 효과적으로 복음을 전할 수 없다는 생각이 생겨난 또 다른 이유는, 유대 민족에게 주님을 전하는 일에 대해 메시아닉 유대인과 이방인 크리스천이 가진 상호 보완적인 역할에 대해 잘 알지 못하기 때문이다. 이것은 정말 놀라운 동역 관계이자 특권이다.

하나님은 자주 나와 같은 유대인 성도를 통해 다른 유대인들의 관심을 끌어내셨다. "예수를 믿는 유대인"이라는 단어가 가진 부조화가 그들의 관심을 사로잡는 것이다. 이것은 호기심을 유발하기도 하지만 대부분은 불쾌함을 유발한다. 그 둘 중 무엇이든 일단 관심이 생기면, 유대인들은 메시아닉 유대인에 대해 이 두 가지를 알고 싶어 한다. 곧 우리가 무엇을 믿는지와 그것을 믿는 이유이다(어떨 땐 심지어 우리가 어떻게 예수를 믿는 어리석은 짓을 저지를 수 있는지 알고 싶어 하기도 한다). 그리고 이 유대인들은 우리와 한 번, 두 번, 그 이상을 만나며 이야기를 나눌 것이다.

그런데 이 유대인들의 질문에는 빠진 것이 있다. 가장 중요한 질문인 "이것이 사실인가?"이다. 유대인들이 이 질문을 하게 되면, 어떠한 문턱에 다다르게 된다. 그리고 곧 그들은 이 문턱을 넘어가거나 뒤로 물러나게 된다. 문턱을 넘는 것은 분명 위험한 일이다. 문턱을 넘는 것은 예슈아에 대한 모든 이야기가 사실이라는 것을 깨닫게 되는 것이다. 예수님은 정말 메시아이시다. 그러니 우리가 결국 어떤 대가를 치르게 되더라도 반드시 예수님을 믿어야 한다.

처음엔 이 위험을 받아들이는 것이 너무나 벅차게 느껴진다. 어떤 유대인들은 이 문턱 앞에서 뒤로 물러선다. 하지만 그렇다고 그들이 탐구를 그만두는 것은 아니다. 그들은 옆으로 비켜나 전혀 위협이 되지 않는 이방인 크리스천들에게 향한다. 그들과 이방인 크리스천이 나누는 대화는 어디까지나 문화적 교류로만 여겨진다. 그리고 이 대화는 유대인 탐구자들이 안심할 수 있는 분위기에서 계속 이어지지만, 사실 그 시간 동안 성령께서 친히 그들의 마음을 깨우쳐 주신다. 그리고 마침내 이 탐구자들은 모든 것이 사실이며, 이제 그들이 결단을 내려야 한다는 것을 깨닫게 된다.

대개 이 시점에서 우리 메시아닉 유대인들이 다시 개입하게 된다. 유대인 탐구자들은 다시 문턱 앞에 섰고 열린 문 너머를 바라보고 있다. 그들은 그 너머에서 우리를 보고, 그들이 문턱을 넘어가도 혼자가 아님을 알게 된다. 그리고 그 사실은 그들이 발걸음을 뗄 수 있도록 도와준다.

이방인 크리스천이 유대인에게 믿음을 효과적으로 전할 수 없다는 생각은 절대로 사실이 아니다. 하지만 이방인 크리스천이 유대인을 시기 나게 해야 한다는 생각은 절대적으로 사실이다. 그래서 성경은 이렇게 말씀한다.

"구원이 이방인에게 이르러 이스라엘로 시기 나게 함이니라"
(롬 11:11)

우리 유대인을 시기 나게 하는 것은 성경적이고, 효과가 있다! 나는 이것이 효과가 있다는 것을 잘 안다. 왜냐하면, 내 삶에서 이 방법이 효과가 있었기 때문이다. 내가 예수아께 내 마음을 온전히 바치기 전에 하나님은 내 삶에 두 부류의 성도들을 보내 주셨다. 한 부류는 쥬스 포 지저스(Jews for Jesus) 선교 단체의 유대인 성도들이었고, 다른 한 부류는 이방인 크리스천들이었다. 이 두 부류의 성도들 모두 나에게 주님이 메시아라는 진실을 전해 주었다. 그런데 비유대인 크리스천들은 나에게 좀 더 큰 영향을 주었는데, 그들은 나를 시기 나게 했다.

그렇다면 나는 무엇에 대해서 시기가 난 것일까?

그들의 생활을 보며 시기가 났을까? 아니, 그렇지 않았다. 나는 내가 살던 생활에 만족하고 있었다. 그러니 그것에 대해 그들을 질투할 이유는 없었다.

그럼 그들의 문화를 보며 시기가 났을까? 전혀 아니었다. 나는 유대인으로 태어났고 유대인으로 죽을 것이다. 유대 문화는 언제나 나 자신의 정체성을 이루는 중심 요소였다. 나는 유대인으로서 가진 풍부한 유산을 소중히 여겼다.

그럼 나를 시기 나게 만든 것은 무엇일까? 그것은 바로 그들이 살아 계신 하나님, 이스라엘의 하나님과 맺은 참된 관계였다.

나는 그 관계와 그 관계를 통해 주어지는 모든 유익한 것들을 부러워했다. 하나님의 사랑을 실제로 경험하는 것. 그분의 임재하심에 대한 확신. 하나님의 뜻으로 세워진 삶의 목적에 대한 신뢰 그리고 그분과 영원한 관계를 맺을 수 있다는 점. 그들은 가졌지만 나는 갖지 못한 것들에 대해서 시기가 난 것이다.

그런데 이런 것들을 어떻게 깨닫게 되었을까? 그들이 나에게 말해 주었기 때문이다.

만약 그들이 말해 주지 않았다면 어떻게 됐을까? 만약 내가 그들에게 가서 "당신이 유대인 메시아라고 생각하는 예수에 대해서 좀 말해 주세요."라고 물었을 때, 그들이 이렇게 답했다면 어떻게 됐을까? "아, 안 돼요. 저는 신뢰할 만한 사람도 아니고 효과적으로 전하지도 못하거든요. 다른 사람에게 물어보세요."

다행히도 그들은 내가 질문했을 때 머뭇거리지 않았다. 사실 그들은 내가 이런 질문을 할 때까지 기다리지도 않았다. 그들은 나에게 꼭 알아야 할 사실을 전해 줄 기회만을 찾고 있었다. 그리고 그들이 나에게 말로 전해 준 것은 내가 그들을 보면서 느꼈던 것만큼 흥미로웠고, 나에게 부족한 것을 알려 주었으며, 나의 주의를 사로잡았고, 나를 시기 나게 했다.

거룩한 전환

다른 사람을 시기 나게 만드는 사역에 대해 말한 사람은 바울이 처음이 아니다. 모세도 이 사역에 대해 말했다. 말년에 모세는 하나님의 백성에게 이렇게 말했다.

> "내가 나의 하나님 여호와께서 명령하신 대로 규례와 법도를 너희에게 가르쳤나니… 너희는 지켜 행하라 이것이 여러 민족(이방인들) 앞에서 너희의 지혜요 너희의 지식이라 그들이 이 모든 규례를 듣고 이르기를 이 큰 나라 사람은 과연 지혜와 지식이 있는 백성이로다 하리라 우리 하나님 여호와께서 우리가 그에게 기도할 때마다 우리에게 가까이 하심과 같이 그 신이 가까이 함을 얻은 큰 나라가 어디 있느냐 오늘 내가 너희에게 선포하는 이

율법과 같이 그 규례와 법도가 공의로운 큰 나라가 어디 있느
냐"(신 4:5~8)

이 말씀에 따르면, 하나님께서 우리에게 모세의 율법을 주신 이유 중 하나는 주변 나라들이 우리가 가진 것을 부러워하게 만들기 위함이다. 곧 우리가 실제로 존재하는 하나님, 가까이 계시는 하나님, 우리가 외칠 때 응답하시는 하나님을 가지고 있다는 것을 말이다. 하나님은 우리에게 율법을 주심으로 이방인들이 시기 나게 하셨다.

하지만 이방인들은 그들이 무엇에 시기가 났는지 알아야 했다. 그들이 우리에 대해 "과연 지혜와 지식이 있는 백성이로다"라는 판단을 내리기 위해선 우리의 법규에 대해 들어 봐야 했다. 그리고 그들은 우리가 가진 것이 무엇이고 그들이 가지지 못한 것이 무엇인지를 알아야 했다.

이것은 오늘날 나의 동족들에게도 필요한 일이다. 만약 구원이 이방인에게 이르러 우리 유대인을 시기 나게 한다면, 우리는 당신이 가진 것과 우리가 가지지 못한 것에 대해서 알아야 한다.

그래서 메시아닉 유대인들이 열방의 크리스천들보다 동족 유대인들에게 더 나은 증거자인가? 열방의 크리스천들은 우리 유대인에게 효과적으로 복음을 전하지 못하는가? 우리 유대인을 시기 나게 만드는 것만이 열방의 크리스천들이 가진 유일한 책임인가?

이 모든 것은 잘못된 질문이다. 올바른 질문은 "누가 더 효과적인가?"가 아니라 "하나님의 백성을 다시 돌이키기 위해, 하나님은 내가 어떤 역할을 감당하기 원하시는가?"이다.

3장
복음을 전하지 않는 진짜 이유

19. 상처를 준다는 두려움

나는 이런 말을 들었다.

"만약 크리스천이 유대인 복음주의를 지지하고 동참한다면, 유대인 지도자들은 기분이 상할 것이다."

안타깝게도 이것은 사실이다. 하지만 상처를 받는 것은 유대인들만의 문제가 아니다. 이것은 모든 인간의 문제이다. 복음은 하나님의 방법이 아닌 자신의 방법으로 하나님께 나아가고자 하는 사람의 기분을 상하게 할 것이다. 하지만 이것은 성경적인 진리이자 복음이 그 영향력을 발휘하고 있다는 고무적인 증거이기도 하다. 언제든지 복음이 분명히 전파되고 알려질 때마다 항상 두 가지 결과가 나타난다. 곧 어떤 사람들은 자신들의 죄를 깨우치고 하나님께로 가까이 나아가고, 어떤 사람들은 복음에 상처를 받고 하나님에게서 더욱 멀어지는 것이다. 그래서 바울은 우리에게 이렇게 말했다.

"우리는 구원 받는 자들에게나 망하는 자들에게나 하나님 앞에서 그리스도의 향기니 이 사람에게는 사망으로부터 사망에 이르는 냄새요 저 사람에게는 생명으로부터 생명에 이르는 냄새라"(고후 2:15~16)

피할 수 없는 상처

유대인 복음 전도를 실행하고 동참하는 것이 유대인 지도자들의 분노를 일으킨다는 것은 참 유감스러운 일이다. 하지만 이것은 피할 수 없는 영적인 진리이다. 메시아닉 유대인들은 이 진리를 이해하고, 믿음의 여정을 시작했을 때부터 이 진리와 언제나 씨름해야만 했다. 우리는 늘 우리 동족을 사랑했고 그들을 이끄는 지도자들을 존중했다. 하지만 우리가 우리의 믿음을 반대하는 지도자들을 바라볼 것인지 아니면 믿고 따르라고 하시는 유대인 메시아를 바라볼 것인지를 선택해야 했다. 이것은 유대인 지도자들을 깎아내리는 것이 아니라 주님을 그 무엇보다 더욱 경배할 것인가의 문제이다.

물론 비유대인 크리스천들도 이와 비슷한 선택을 해야만 한다. 그들이 좋아하고 존경하는 유대인 지도자들에게 찬성하느냐 아니면 복음이 이스라엘 집에서 시작해 모든 사람에게 전해져야 한다고 분명히 말씀하신 가장 위대한 유대인 지도자, 메시아 예슈아에게 순종할 것인지를 말이다.

복음의 말씀이 사람들에게 불쾌히 여겨지기 때문에 유대인 복음 전도도 불쾌한 일이 되었다. 그래서 사도 바울은 이사야 선지자의 말씀을 인용해 이렇게 기록했다.

> "기록된 바 보라 내가 걸림돌과 거치는 바위를 시온에 두노니 그를 믿는 자는 부끄러움을 당하지 아니하리라 함과 같으니라"
> (롬 9:33)

무엇이 불쾌한 것일까? 우리가 얼마나 종교적으로 살든지 얼마나 의롭게 행동하든지 우리는 여전히 한심할 정도로 하나님의 영광에 미치지 못한다는 것이다. 사람이 선한 행위를 통해 하나님의 은총을 구하려 하면 할수록, 더욱 복음을 용납하지 못하고 모욕적으로 받아들인다. 복음은 "선한 행위로는 안 된다."고 말씀하기 때문이다.

이것을 잠시 생각해 보자. 사울이 히브리인 중의 히브리인으로서, 율법과 유대인의 전통을 그 누구보다 가장 열심히 지켰을 당시(갈 1:14), 무엇이 초대 교회를 향한 사울의 분노를 부채질했을까? 분노한 것은 복음의 말씀이 그에게 이루 말할 수 없이 모욕적이었기 때문이라고 생각한다. 복음은 사울이 회개를 하고, 그의 성실한 행위를 믿는 것이 아닌 갈릴리 촌구석에서 온 무지한 목수의 의로움을 믿어야만 하나님의 용서와 은총을 받을 수 있다고 말씀했기 때문이다. 그러니 다소 사람 사울에게는 복음이 굉장히 불쾌하게 느껴졌을 것이다.

복음은 불쾌히 여겨진다. 그래서 우리는 반드시 복음을 사랑 안에서 전해야 한다. 하지만 우리가 좋은 소식을 아무리 친절하게 전하려 해도, 우리가 하나님을 저버린 죄인이라는 부인할 수 없는 안타까운 사실은, 사람들에게 항상 고통을 줄 것이다. 그들이 사실을 듣고 의로운 깨달음을 얻든지 화를 내든지 간에 말이다.

십자가가 주는 불쾌함을 없애 버리는 것이 중요한 게 아니다. 중요한 것은 사람들이 불쾌해할 때, 그 이유가 전도자의 퉁명스러움 때문이 아니라 복음의 명료함 때문인지를 꼭 확인하는 것이다. 사도 베드로는 이 부분에 대해서 우리에게 좋은 말씀을 해 주었다.

> "너희 중에 누구든지 살인이나 도둑질이나 악행이나 남의 일을 간섭하는 자로 고난을 받지 말려니와 만일 그리스도인으로 고난을 받으면 부끄러워하지 말고"(벧전 4:15~16)

예수님께서는 유대 민족의 지도자들이 불쾌해 할 수밖에 없을 정도로 강하게 말씀셨다. 마태복음 15:1~9에서, 바리새인과 서기관들은 예슈아께 이런 질문을 한다. "당신의 제자들이 어찌하여 장로들의 전통을 범하나이까?" 예슈아는 그들의 질문에 매우 단호하게 답하셨다. "너희는 어찌하여 너희의 전통으로 하나님의 계명을 범하느냐?" 그리고 제자들이 예수님께 말하는 것을 통해 바리새인들이 예수님의 말씀을 어떻게 받아들였는지 정확히 알 수 있다. "바리새파 사람들이 이 말씀을 듣고 분개하고 있다는 것을 아십니까?"(새번역)

하지만 또한 나는 복음서에서 예수님의 광대하고 조건 없는 사랑을 보여 준 기적들이 있었던 것을 안다. 나사로를 죽은 자 가운데서 다시 살리신 것과 같은 일 말이다. 누가 이것을 불쾌히 여길 수 있을까? 그런데 성경은 종교 지도자들이 이 일도 불쾌히 여겨 예수님을 죽이려고 모의했다고 말씀한다.(요 11:45~48, 53)

그들은 왜 불쾌해했을까? 나는 두 가지 이유가 있다고 본다. 첫 번째는, 대중들의 마음을 빼앗기고 있다는 것을 깨닫고 질투가 났기 때문이다(48절). 두 번째는, 그 기적에 담긴 의미를 알았기 때문이다. 곧 예수님이 사랑이시고 또한 주님이시라는 것을 말이다.

사랑은 사람들이 복음 말씀과 예슈아의 주권, 십자가에 불쾌감을 느끼지 않을 거라고 장담하지 않는다. 그러나 복음이 사람들을 불쾌하게 만든다는 것과 복음이 전해지는 곳에는 항상 공격이 따른다는 사실에 무서워하지 않길 바란다.

이 이야기를 해 주면 힘이 날지도 모르겠다. 나를 비롯한 예수님을 믿는 수많은 유대인 성도들도 처음 복음의 말씀을 듣고 알았을 때는 상당히 기분이 상했고 고통스러웠다. 하지만 하나님은 십자가에 대한 불쾌감을 성령을 통해 우리 죄에 대한 깨달음으로 바꿔 주셨다. 그리고 이런 하나님의 은혜로 우리는 예수님을 믿게 되었다.

20. 거절에 대한 두려움, 사람에 대한 두려움

　성경 말씀을 올바르게 살핀다면, 좋든 싫든 이런 결론을 내게 된다. 곧 우리 유대인이 구원받기 위해선 예수님과 복음이 필요하다는 것이다. 그렇다면 왜 크리스천들은 이 진실을 당당하게 지지하지 못하는 걸까? 무엇이 어렵고 두려운 것일까? 많은 사람이 괴로워하며 고심하는 문제는 "유대인이 구원받기 위해선 예수님을 믿어야만 하는가?"가 아니라 오히려 "어떻게 하면 이 어려운 진실을 지지하면서 유대인 친구들에게 경멸받지 않고 모욕받지 않고 거절당하지 않을 수 있을까?"이다. 하지만 이것들은 피할 수 없다. 그리고 거절당할지 모른다는 예상은 대부분 현실이 될 것이다.
　하지만 예슈아를 믿는 유대인들이 어려운 결정을 내려야 했던 것처럼, 동일한 믿음 안에 있는 비유대인 형제자매들도 어려운 결정을 내려야만 한다. 그저 예수님을 믿기로 선택하는 것만이 아니라 예수님과 함께하겠다는 선택을 해야 하는 것이다. 이 결정으로 인해 분명 사람들에게 거절당할지라도 말이다. 성경은 이렇게 말한다.

　"그는 멸시를 받아 사람들에게 버림받았으며"(사 53:3)

　그리고 예수님은 우리도 이렇게 거절당할 것이라고 말씀한다.

　"사람들이 나를 박해하였은즉 너희도 박해할 것이요"
　(요 15:20)

예수님은 우리가 정말 예수님을 따르려면, 십자가를 지고 거절받는 현실을 감내하라고 말씀하신다(눅 9:23) 또한, 예수님은 우리가 거절에 대한 두려움을 주님을 향한 순전하고 부끄럼 없는 충성보다 더욱 크게 여긴다면, 이런 결과를 맞이할 것이라고 경고하셨다.

> "누구든지 나와 내 말을 부끄러워하면 인자도 자기와 아버지와 거룩한 천사들의 영광으로 올 때에 그 사람을 부끄러워하리라"
> (눅 9:26)

유대 민족을 사랑하는 이방인 성도들은 우리를 어떻게 사랑할 것인지 결정해야 한다. 그들은 우리를 인간적인 사랑으로 사랑함으로 우리에게 사랑받길 원할 수 있다. 이런 사랑은 서로 주고받을 수 있는 상호 간의 사랑을 최대 목표로 삼는다. 그래서 결국 이런 사랑은 진리를 굽히고 만다. 진리가 거절을 일으킬 수 있기 때문이다.

또 다른 경우는, 예수님을 믿는 성도들이 유대인 친구들을 거룩한 사랑으로 사랑하는 것이다. 그들은 사람들이 싫어하는 진리를 담대히 지지하면서 혹시나 마주하게 될 결과에 신경 쓰기보다는 사랑하는 사람의 평안을 더욱 바란다. 거룩한 사랑은 사랑으로 진리를 전하며 그로 인해 자신이 마주하게 될 결과보다는 사랑하는 사람의 평안을 우선으로 여긴다. 모세와 다른 선지자들은 이런 사랑으로 우리를 사랑했고, 사도들도 이런 사랑으로 우리를 사랑했다.

그리고 예수님이 이 땅에서 우리와 함께 계셨을 때도 이런 사랑으로 내 동족들을 사랑하셨고, 오늘날까지도 예수님은 이런 사랑으로 우리를 사랑하신다. 예수님은 우리를 너무 사랑하셔서 거절을 당할지라도 우리 삶에 복음을 전해 주신다.

당신이 만약 비유대인 크리스천이라면, 이 거룩한 사랑으로 유대 민족을 사랑하길 바란다. 그리고 우리 민족을 사랑하는 마음으로 그들의 구원을 위해 기도하고, 공개적으로 우리 민족이 구원자의 용서하심과 영생의 선물을 받아야 함을 외쳐 주길 바란다.

당신이 유대인들과 다른 교인들에게 경멸과 거절을 받지 않으리라 장담할 순 없다. 하지만 당신에게 동의하지는 않아도 당신의 정직함을 존중해 줄 사람들은 많이 생길 것이다. 또한, 믿음을 갖는 사람들이 많아질 것이며 그들은 당신을 사랑하고 당신을 보며 하나님께 감사해할 것이다.

나는 더욱 많은 것을 약속할 수 있다. 당신은 홀로 거절을 감내하지 않아도 된다. 예수님께서 당신 곁에 함께하실 것이다. 당신이 받게 될 거절은 사실 모두 예수님을 향한 것이다(눅 10:16). 그리고 예수님은 복음을 거절했던 사람을 변화시켜서 복음을 믿게 할 뿐만 아니라 복음을 전하는 사람으로 만드실 수 있다. 예수님이 사도 바울에게 하신 일을 생각해 보아라.

예수님을 믿는 유대인들 또한 당신 곁에 함께할 것이다. 우리는 옳은 일을 하는 당신을 지지하고 사랑할 것이다. 우리는 당신이 바르고 용감한 길을 선택한 것에 대해 존경을 표하며 지지할 것이다. 그리고 당신이 이스라엘 집의 방황하는 양들을 인도해 우리 영혼의 목자께로 데려가는 것을 보며, 주님께 영원한 감사를 드릴 것이다.